WINNICOTT & COMPANHIA

WINNICOTT, KLEIN E FERENCZI

(Volume 2)

Blucher

WINNICOTT & COMPANHIA

Winnicott, Klein e Ferenczi

(Volume 2)

Leopoldo Fulgencio

Winnicott & companhia: Winnicott, Klein e Ferenczi (Volume 2)

Editora Edgard Blucher Ltda.

Publisher Edgard Blücher
Editor Eduardo Blücher
Coordenação editorial Jonatas Eliakim
Produção editorial Lidiane Pedroso Gonçalves
Preparação de texto Amanda Fabbro
Diagramação Negrito Produção Editorial
Revisão de texto Ana Lúcia dos Santos
Capa Leandro Cunha
Imagem da capa iStockphoto

Blucher

Rua Pedroso Alvarenga, 1245, 4º andar
04531-934 – São Paulo – SP – Brasil
Tel.: 55 11 3078-5366
contato@blucher.com.br
www.blucher.com.br

Segundo o Novo Acordo Ortográfico, conforme 6. ed. do *Vocabulário Ortográfico da Língua Portuguesa*, Academia Brasileira de Letras, julho de 2021.

Dados Internacionais de Catalogação na Publicação (CIP)
Angélica Ilacqua CRB-8/7057

Fulgencio, Leopoldo

Winnicott & companhia : Winnicott, Klein e Ferenczi (volume 2) / Leopoldo Fulgencio. – São Paulo : Blucher, 2022.

172 p.

Bibliografia

ISBN 978-65-5506-440-7

1. Psicanálise. 2. Winnicott, D. W. (Donald Woods), 1896-1971. 3. Klein, Melanie, 1882-1960 4. Ferenczi, Sándor, 1873-1933. I. Título.

22-4345 CDD 150.195

Índice para catálogo sistemático:
1. Psicanálise

Para Lygia

Conteúdo do volume 2

Agradecimentos 11

Origem deste livro, fontes dos textos e indicação de alguns padrões editoriais 13

Introdução 17

1. Winnicott e Klein: influências, continuidades e rupturas 31

2. O complexo de Édipo nas obras de Klein e Winnicott: comparações 65

   Priscila Toscano de Oliveira Marchiolli & Leopoldo Fulgencio

3. Atualidade de "O brincar como modelo do método de tratamento psicanalítico" 83

4. Winnicott e Ferenczi: plano para estudo das proximidades e distâncias destacadas pela literatura secundária 105

5. Modos de sofrer para Winnicott e Ferenczi e os objetivos do tratamento psicanalítico 125

6. *Telos* & desenvolvimento de Winnicott & Companhia 147

7. Breves diálogos atuais sobre o lugar da experiência no processo analítico 151

Referências bibliográficas do volume 2 159

Conteúdo do volume 1

Agradecimentos 11

Origem deste livro, fonte dos textos e indicação de alguns padrões editoriais 13

Introdução 17

Parte I. Análise **31**

1. Aspectos gerais da redescrição winnicottiana dos conceitos fundamentais da psicanálise freudiana 33

2. A noção de trauma em Freud e Winnicott 69

3. Ampliação winnicottiana da noção freudiana de inconsciente 85

4. A noção de *Id* para Winnicott 109

5. Aspectos diferenciais da noção de *Ego* e de *Self* na obra de Winnicott 127

6. A redescrição da noção de *Superego* na obra de Winnicott 145

7. A situação do *narcisismo primário* para Winnicott 167

8. Críticas e alternativas de Winnicott ao conceito de pulsão de morte 185

Parte II. Visão de conjunto **203**

9. Winnicott e Freud: continuidades, desenvolvimentos e rupturas 205

Publicações de Leopoldo Fulgencio 251

Referências bibliográficas do Volume 1 265

Agradecimentos

À Fapesp e ao CNPq. Todos os textos aqui reunidos derivam de pesquisas financiadas por esses dois órgãos, ao longo desses anos em que tenho desenvolvido pesquisas.

Às revistas nas quais meus artigos foram publicados, pela autorização para republicá-los neste conjunto em forma de livro. Ao identificar a fonte dos textos aqui publicados, também estarão sendo citadas as revistas que, gentilmente, autorizaram sua republicação.

A meus colegas de profissão, com quem tenho desenvolvido laços fraternos e que são pessoas que posso admirar e tomar como modelo: Maria Thereza Costa Coelho de Souza, Rogério Lerner, Elias Mallet da Rocha Barros, Paulo Sandler, Rogério Coelho de Souza e Regina Elizabeth Lordello Coimbra.

E, *sempre*, àqueles com quem compartilho a vida familiar: minha esposa, Lygia; meus filhos (André, João, Nina Flor) e meu enteado (Tom).

Origem deste livro, fontes dos textos e indicação de alguns padrões editoriais

Todos os textos aqui publicados derivam de pesquisas desenvolvidas ao longo de minha vida acadêmico-universitária, há mais de trinta anos, contando com apoio de instituições de fomento à pesquisa durante todo o meu percurso acadêmico e minhas pesquisas de iniciação científica (CNPq), mestrado (CNPq), doutorado (CNPq e Fapesp), pós-doutorado (Fapesp), jovem-doutor (Fapesp) e, mais recentemente, auxílios regulares a pesquisas (Fapesp).

A maior parte dos Capítulos são artigos já publicados em periódicos da área, ainda que alguns textos inéditos sejam fruto de conferências apresentadas em eventos, cuja origem será indicada. Ao final do Volume 1, incluí um texto inédito, que visa a oferecer uma visão geral crítica das relações entre Winnicott e Freud, apontando para alguns aspectos que me parecem decorrer das contribuições da obra de Winnicott para o desenvolvimento da psicanálise como método de tratamento e como ciência.

Fonte dos textos[1] *do Volume 2:*

Fulgencio, L. (2020). Winnicott & Klein: influências, continuidades e rupturas. *Revista de Psicanálise da Sociedade Psicanalítica de Porto Alegre, 27*(2), 427-452.

Marchiolli, P. T. d. O., & Fulgencio, L. F. (2012). O complexo de Édipo nas obras de Klein e Winnicott: comparações. *Ágora, XVI*(1), 105-118

Fulgencio, L. (2008). O brincar como modelo do método de tratamento psicanalítico. *Revista Brasileira de Psicanálise, 42*(1), 124-136.

Fulgencio, L. (2014). *Winnicott e Ferenczi: proximidades e distâncias na compreensão de fenômenos clínicos do método de tratamento psicanalítico.* Texto estabelecido a partir de intervenção feita em reunião científica no IPUSP, no Grupo de Pesquisa de Daniel Kupermann (IPUSP-PSC).

Fulgencio, L. (2019, inédito). *Modos de ser e de sofrer para Winnicott e Ferenczi.* Texto estabelecido a partir de aula dada no curso "O Diário Clínico de Ferenczi: trauma, análise mútua e psicanálise contemporânea" (Pós-Graduação, Psicologia, USP, em 2020, curso em parceria com Marina Ribeiro [IPUSP-PSA] e Raluca Soreanu [University of Essex]) e de conferência apresentada no VI Encontro de Psicoterapia Breve Psicanalítica – Sofrimento –, no Instituto Sedes Sapientiae.

Fulgencio, L. (2021, inédito). *Breves diálogos atuais sobre o lugar da experiência no processo analítico.* Conferência apresentada na Sociedade de Psicanálise da Polônia, em 2021, "Winnicott and

1 Agradeço a todas as revistas que, gentilmente, autorizaram a reimpressão deste material.

Freud. Points of convergence and directions of theory development", Conference opening..

* * *

Como cada um dos textos publicados tem uma vida e uma organização própria, sustentando-se em si mesmos, ainda que o conjunto seja integrado num todo temático e sistematizado de análise. Isto faz com que haja algumas repetições de argumentos e de citações, optei por deixá-las nesse formato, pensando na sua utilidade para o estudante e o pesquisador, reunindo argumentos e referências em cada um dos textos (blocos temáticos de análise). A eliminação das repetições exigiria uma reformulação maior dos textos e obrigaria o leitor não só a ir e voltar na consulta do livro, como atrapalharia também a compreensão do fluxo argumentativo de cada texto. Algumas repetições, no entanto, podem ser evitadas, e sempre que possível isto foi feito. Todos os textos foram revisados e atualizados, tanto conceitualmente quanto em suas referências.

Tenho o hábito acadêmico de indicar todas as referências bibliográficas, diretas e indiretas, utilizadas na produção de meus textos. Isto pode deixar o texto um pouco poluído, dificultando a leitura. Neste sentido, todas as referências foram colocadas em notas de rodapé, procurando deixar o texto mais direto e claro no seu encadeamento lógico, sem perder o conjunto de referências, úteis para que as verificações, consultas, e desenvolvimentos possam ser feitos.

Dentre as referências bibliográficas, a obra de Freud e Winnicott, serão citadas utilizando-se classificações universais, a saber:

1. A obra de Freud estará sendo citada segundo a classificação proposta por Tyson & Strachey (1956), quando da publicação da *The Standard Edition of the Complete Psychological Works of Sigmund Freud* (SE).

2. A obra de Winnicott estará sendo citado a partir da classificação feita por Knud Hjuland (1999). Henry Karnac fez uma classificação da obra de Winnicott, classificando os 12 livros, em geral coletâneas de textos, publicados (W1 a W12). Knud Hjulmand (1999) classificou todos as publicações de Winnicott emfunção da sua data de publicação (registrados em termos cronológicos de publicação) e da sequência de publicação em cada ano (registrada em ordem alfabética).
3. Em 2017, a Oxford University Press publicou os *Collected Works of D. W. Winnicott* (*CW*), em 12 volumes organizados por ordem cronológica, o que torna possível agrupar sua produção especificando-se sua produção ano a ano; como esta edição é, ainda, pouco acessível, não estou usando-a; ainda que esteja preparando uma tabela de correspondência de páginas entre as diversas edições da obra de Winnicott disponíveis – a de Henry Karnac em inglês, a de Henry Karnac em português, e a CW –, com o objetivo de facilitar o trabalho de busca de referências nas diversas versões.

Introdução

Winnicott é um clássico da psicanálise, colocado ao lado de Klein, Lacan e Bion, e, como eles, realizou grandes transformações teóricas e clínicas na psicanálise. Têm sido discutidas a natureza, a especificidade, a amplitude e as consequências de suas propostas para o desenvolvimento da psicanálise e da psicologia. Uma pesquisa rápida na *Psychoanalytic Electronic Publishing* (http://www.pep-web.org), a maior biblioteca on-line de psicanálise do mundo, tem reiterado Winnicott como um dos autores mais *vistos* e mais *citados*, dentre os dez mais nessas categorias.[1]

1 Em 30/11/2020, dentre os *mais visitados*, Winnicott é o 2º ("The theory of the parent-infant relationship"), 4º ("Transitional objects and transitional phenomena – a study of the first not-me possession"), 5º ("The use of an object") e 9º ("Hate in the counter-transference"); e, dentre os *mais citados*, o 3º ("The theory of the parent-infant relationship"), 6º ("Transitional objects and transitional phenomena – a study of the first not-me possession"), e 8º ("Fear of breakdown"). Em 2021, na lista dos *mais vistos*, ele é o 6º ("The use of an object") e o 7º ("The theory of the parent-infant relationship"); e dentre a lista dos *mais citados*, é o 3º ("The theory of the parent-infant relationship"), 7º ("Fear of breakdown"), 8º ("Transitional objects and transitional phenomena") e 10º ("The use of an object").

Ao longo da história, ele tem sido avaliado das mais diversas maneiras, como: um clínico excelente, mas pouco dado à teoria e à sistematização (Assoun); criativo demais na sua terminologia, o que gera uma certa confusão (Phillips); importante, justamente pelos efeitos que gera, mais do que pelas propostas teóricas que enuncia (Pontalis); apresentador de uma teoria psicanalítica do desenvolvimento emocional convincente e uma das mais importantes figuras do pensamento psicanalítico pós-Freud (André Green); proponente de um novo paradigma para a psicanálise (Loparic, Abram); um continuador de Ferenczi (Figueiredo); expansor do pensamento kleiniano (Joseph Aguayo) etc. Temos, na literatura secundária, algumas propostas de compreensão sistemática do lugar, importância e especificidade da sua obra (Phillips, Clancier & Kalmanovitch, Abram, Dias, Spelman, Alexander, Caldwell, Fulgencio), bem como um número significativo de estudiosos dedicados ao diálogo entre Winnicott e os diversos sistemas teórico-semânticos da psicanálise.

Em 2017, tivemos a publicação dos *The collected works of D. W. Winnicott* (CW), em doze volumes, organizados cronologicamente, com a edição geral a cargo de Lesley Caldwell e Helen Taylor Robinson, e a edição de cada volume a cargo de psicanalistas de renome (Ken Robinson, Christopher Reeves, Paolo Fabozzi & Vincenzo Bonaminio, Dominique Scarfone, Roger Kennedy, Angela Joyce, Jim Rose, Ann Horne, Marco Armellini, Arne Jemstedt, Steven Groarke).[2]

Tenho também me dedicado à análise da sua obra, tanto em termos teóricos quanto históricos e epistemológicos, perscrutando as relações de continuidade e ruptura entre Winnicott e os analistas que foram significativos para sua formação e com quem ele

2 Cf. prefácio de cada um dos volumes dos CW, na coletânea *Twelve essays on Winnicott: Theoretical developments and clinical innovations* (Kabesh 2019).

se manteve em diálogo direto ou indireto; como também as suas contribuições para os acontecimentos e conquistas do desenvolvimento, e para o desenvolvimento da psicanálise e das práticas psicoterápicas. Se, por um lado, Winnicott se coloca como um freudiano e um aprendiz de Klein, por outro, ele também se manteve independente e nunca se colocou *sob o polegar* deles, fazendo as coisas (teóricas e clínicas) à sua maneira. Os comentários de Greenberg & Mitchell sobre sua postura apontam para este fato:

> *Winnicott conserva a tradição de maneira curiosa, em grande parte distorcendo-a. A sua interpretação dos conceitos freudianos e kleinianos é tão idiossincrática e tão pouco representativa da formulação e intenção originais deles a ponto de torná-las, às vezes, irreconhecíveis. Ele reconta a história das ideias psicanalíticas não tanto como se desenvolveu, mas como ele gostaria que tivesse sido, reescrevendo Freud para torná-lo um predecessor mais claro e mais fácil da própria visão de Winnicott.*[3]

Um dos pioneiros e mais importantes comentadores da obra de Winnicott, Adam Phillips, já em 1988, escreveu:

> *Enquanto Freud se preocupava com as enredadas possibilidades de satisfação pessoal de cada indivíduo, para Winnicott essa satisfação seria apenas parte do panorama mais amplo das possibilidades para a autenticidade pessoal do indivíduo, o que ele chamará de "sentir-se real". Na escrita de Winnicott, a cultura pode facilitar o crescimento, assim como o pode a mãe; para Freud, o homem é dividido e compelido, pelas contradições de seu*

3 Greenberg & Mitchell 1983, p. 139.

> *desejo, na direção de um envolvimento frustrante com os outros. Em Winnicott, o homem só pode encontrar a si mesmo em sua relação com os outros, e na independência conseguida através do reconhecimento da dependência. Para Freud, em resumo, o homem era o animal ambivalente; para Winnicott, ele seria o animal dependente, para quem o desenvolvimento – a única "certeza" de sua existência – era a tentativa de se tornar "separado sem estar isolado". Anterior à sexualidade como inaceitável, havia o desamparo. Dependência era a primeira coisa, antes do bem e do mal.*[4]

Neste livro, ocupei-me, então, de retomar o conjunto de análises que tenho feito, apresentando ao leitor uma visão geral das propostas de Winnicott na história e no desenvolvimento das ideias na psicanálise. Todos os textos, escritos ao longo de mais de trinta anos de pesquisa, foram revistos e atualizados, acrescentando-se a eles dois textos novos, fornecendo-se uma visão geral desse tipo de estudo.

O livro aborda as relações entre Winnicott e aqueles autores que poderiam ser considerados colaboradores para sua formação, com os quais dialogou direta ou indiretamente de forma intensa e que contribuíram para a estruturação e o desenvolvimento do seu pensamento. É nesse sentido que analisarei algumas relações conceituais entre *Winnicott e Freud* (Volume 1) e *Winnicott, Klein e Ferenczi* (Volume 2). Freud e Klein são citados pelo próprio Winnicott como referências de base, constituindo sua formação, e Ferenczi, ainda que pouco citado por Winnicott, tem sido considerado muito próximo, nas suas concepções e propostas, a Winnicott. Nesse contexto, a falta de Bion não deixa de ser notada e aponta para uma lacuna a ser preenchida.

---

4 Phillips 1988, p. 29.

Volume 1: Winnicott e Freud

Este Volume é constituído por uma série de análises de temas específicos e terminado com uma visão de conjunto das propostas de Freud e sua presença (e desenvolvimentos) na obra de Winnicott.

No Capítulo 1, "Aspectos gerais da redescrição winnicottiana dos conceitos fundamentais da psicanálise freudiana", dedico-me a comentar em que sentido Winnicott redescreveu os principais conceitos da psicanálise (o inconsciente, a sexualidade, o complexo de Édipo, a transferência e a resistência), mostrando que ele reitera a importância desses conceitos, mas dá a eles outros sentidos. Ao final dessa análise, procuro mostrar que modificações-redescrições, associadas ao abandono da teorização metapsicológica, realizam uma mudança no quadro epistemológico da psicanálise (levando-o do campo das ciências naturais, como pretendia Freud, para o campo das ciências hermenêuticas, mais próxima da fenomenologia e do existencialismo moderno). Esse tipo de análise torna possível afirmar, então, que Winnicott permaneceu como um freudiano para além de Freud.

No Capítulo 2, "A noção de trauma em Freud e Winnicott", ocupo-me da análise das diferenças entre eles no que se refere à noção de trauma, mostrando que Freud a concebeu como uma *excitação não descarregada*, usando a histeria como modelo, enfatizando que esta noção é construída com a ajuda dos conceitos especulativos da metapsicologia (a pulsão, marcando o ponto de vista dinâmico; a libido, no ponto de vista econômico; o aparelho psíquico e suas instâncias, no ponto de vista tópico); enquanto, para Winnicott, o trauma não é pensado em função do ponto de vista econômico nem basicamente como de natureza sexual, nem centrado no complexo de Édipo, mas diz respeito às falhas ambientais que interrompem a continuidade de ser. Procurei colocar em evidência o fato de que a noção de trauma em Winnicott é concebida em termos da quebra na confiabilidade do ambiente, quebra na continuidade de ser, e que isso tem significados, dinâmicas e consequências diferentes em função do momento do processo de desenvolvimento afetivo no qual ele ocorre.

No Capítulo 3, "Ampliação winnicottiana da noção freudiana de inconsciente", mostro que Winnicott acrescentou à concepção freudiana do inconsciente reprimido um outro tipo de inconsciente, referido a experiências que são anteriores à possibilidade do recalque (que não teria ainda surgido como um mecanismo de defesa), na consideração de acontecimentos, conteúdos e modos de ser – como cisões, eventos que foram vividos, mas não puderam ser integrados ou experienciados como estando no campo, além de experiências de integração no tempo, espaço, na unidade psicossomática – que podem ser qualificados como inconscientes.

Nos próximos Capítulos (de 4 a 6), dedico-me a mostrar como Winnicott deu um novo sentido àquilo que Freud designou como as *instâncias* do aparelho psíquico, diferenciando o sentido metapsicológico do sentido descritivo dos termos, em uma ampliação das concepções de Freud.

No Capítulo 4, "A noção de *Id* para Winnicott", coloco em evidência o fato de que Winnicott redescreveu o conceito de Id como Freud o estabeleceu, expandindo a compreensão da vida instintual e diferenciando-a da sexualidade, considerando esta última como uma maneira específica de viver a vida instintual. Procurei mostrar que Winnicott nunca utiliza o termo Id no seu sentido metapsicológico, como uma instância de um aparelho psíquico, mas sempre no seu sentido empírico, relacionado às efetivas pressões da vida instintual.

No Capítulo 5, "Aspectos diferenciais da noção de *Ego* e de *Self* na obra de Winnicott", analiso quais são os sentidos e os referentes que Winnicott deu aos termos *self* e *ego*, considerando que ele não os usou de maneira clara e distinta ao longo de sua obra, para, então, explicitar que, em um determinado momento mais maduro, ele caracteriza o *self* como um termo descritivo que se refere à experiência individual de ser, enquanto o ego tem dois sentidos: um mais amplo e de conotação ontológica, que o toma como uma tendência inata à integração, e outro como um conceito, que tem por referente a unidade do sujeito psicológico, nos seus mais diversos graus.

No Capítulo 6, "A redescrição da noção de *Superego* na obra de Winnicott", analiso quais são os aspectos diferenciais da noção de superego em Freud e em Winnicott, seja no que se relaciona à sua origem, seja no que concerne à sua constituição. Defendo que Winnicott redescreveu esse conceito, dando a ele novos referentes (diferentes dos que Freud considerou para eles), nem sempre associados com o que poderia derivar das relações de objeto impulsionadas pela vida instintual, mas que dizem respeito a valores projetados e introjetados pelo indivíduo na sua relação com a sustentação e o cuidado ambiental. Esse tipo de análise reitera a hipótese de que Winnicott rejeitou considerar *a noção de aparelho psíquico e suas instâncias* em termos especulativos e/ou metapsicológicos, mas que manteve e expandiu os sentidos e referentes empíricos desses conceitos, a favor de uma teorização que preza pela presença de referentes factuais para os seus conceitos, no desenvolvimento da psicanálise como uma ciência objetiva da natureza humana.

No Capítulo 7, "A situação do *narcisismo primário* para Winnicott", descrevo qual é o fenômeno e a situação vivida no princípio da existência, apoiando-me nas indicações de Freud, mas acrescentando-lhes os desenvolvimentos crítico-descritivos feitos por Winnicott. Para este autor, a compreensão das relações mais primitivas do bebê devem considerar a sua imaturidade e a sua dependência do ambiente, de maneira tal que não haveria sentido supor uma unidade independente e autônoma pertencente ao bebê, mas que tal unidade corresponderia, na verdade, ao conjunto bebê-ambiente. Nesse caminho, procura-se também estabelecer um diálogo com o artigo de Roussillon (2010), "The deconstruction of primary narcissism", opondo sua consideração de que "no narcisismo primário a sombra do objeto primário recairia sobre o *self*" à afirmação de que, no início, não há sombra possível do objeto sobre o *self* porque não há uma realidade não *self*. Tais distinções têm como objetivo explicitar que tipo de situação transferencial e que tipo de objetivo analítico a ser alcançado estão presentes nos casos em que o paciente e seu analista precisam retomar a situação do narcisismo primário.

No Capítulo 8, "Críticas e alternativas de Winnicott ao conceito de pulsão de morte", retomo a avaliação de Winnicott referindo-se à pulsão de morte como o único *erro de Freud*, para mostrar que os problemas que Freud tentou resolver com essa noção (a compulsão à repetição e a origem da agressividade no ser humano) podem ser resolvidos de outra maneira. Dessa forma, procuro evidenciar que Winnicott mudou o foco da questão, considerando que os pacientes precisam regredir a situações similares à traumática, anteriores à constituição das defesas contra o trauma, a fim de as integrarem em sua personalidade, para, retornando um momento logo anterior ao momento em que foram aniquilados pelo trauma, evitarem que isso ocorra, corrigindo a experiência passada.

Ao final, no Capítulo 9, "Winnicott e Freud: continuidades, desenvolvimentos e rupturas", numa apresentação com vistas à possibilidade de fornecer uma visão de conjunto das relações, proximidades e diferenças, entre as propostas de Freud e as de Winnicott, dedico-me a analisar as especificidades das contribuições de Winnicott, na teoria e na prática da psicanálise. Nesse sentido, proponho retomar os aspectos gerais que Freud estabeleceu para caracterizar o que é a psicanálise, para, em seguida, mostrar que Winnicott aprofunda e expande o pensamento de Freud, reiterando-se como um psicanalista. Depois, em um diálogo com Martine Girard (2010, 2017), colocarei em destaque os desenvolvimentos que Winnicott fez na psicanálise, ocupando-me de analisar criticamente: 1) o lugar da metapsicologia no pensamento de Winnicott; 2) as ampliações e modificações que Winnicott fez no processo de desenvolvimento, em termos teóricos e descritivos, especialmente em relação às fases iniciais e ao lugar da vida instintual, com destaque para a imaturidade do bebê e a relação de dependência do ambiente, bem como a distinção entre as necessidades instintuais (do id) e as de si mesmo (do Ego); 3) a modificação na ontologia psicanalítica, com a introdução da noção de ser, o que implica a compreensão do desenvolvimento emocional e em um *telos* do desenvolvimento, referidos à experiência de ser; 4) a ênfase nas experiências de ser a partir-de-si-mesmo-no-mundo-com-o-outro no processo de desenvolvimento e no processo analítico; 5) e, ao final, uma compreensão ampliada da psicanálise como uma *cura pela experiência*.

Volume 2: Winnicott, Klein e Ferenczi

O Volume 2, como o primeiro, é constituído por uma série de análises de temas específicos, abordando algumas relações conceituais de Winnicott com as de Melanie Klein e as de Sándor Ferenczi, terminando com uma discussão sobre o lugar da experiência no processo analítico. Desse modo, considero que a diferença entre buscar *entendimento* e buscar *experiências* – como exposto por Thomas Ogden, referindo-se a uma *psicanálise epistemológica* (cujos principais expoentes seriam Freud e Klein) e a uma *psicanálise ontológica* (cujos principais expoentes seriam Winnicott e Bion) – parece fornecer um aspecto central que distingue a perspectiva de Winnicott das de Klein e Ferenczi.

No Capítulo 1, "Winnicott e Klein: influências, continuidades e rupturas", retomo um campo de discussão já em andamento, procurando explicitar quais foram as principais influências que a obra de Melanie Klein teve sobre o pensamento de Donald Winnicott, bem como em que sentido há rupturas entre eles. Trata-se, em primeiro lugar, de apresentar um critério epistemológico e metodológico para estabelecer uma comunicação possível entre sistemas semântico-teóricos diferentes na psicanálise, considerando, então, que são os fenômenos descritos (e não os conceitos) que servirão como foco de análise e comunicação.[5] Em seguida, de retomar, para uma análise crítica, uma série de propostas de compreensão das relações entre as propostas de Klein e Winnicott, começando pelos próprios comentários de Winnicott e, depois, aprofundando o tema com as análises críticas de Adam Phillips, John Padel, Joseph Aguayo, André Green, Susan Kavaler-Adler e Jan Abram & Robert Douglas Hinshelwood. Ao final, procura-se retomar a maneira como Klein descreve o fenômeno da *inveja inata*, para mostrar que, apesar de Winnicott recusar essa hipótese, ele reconhece a *inveja* como um fato da existência humana, mesmo precoce, mas advindo ou produzido em certas condições específicas.

No Capítulo 2, "O complexo de Édipo nas obras de Klein e Winnicott: comparações", em parceria com Priscila Toscano de Oliveira Marchiolli, que desenvolveu uma dissertação de mestrado sobre esse tema, procurou-se fazer uma análise comparativa da

5 Procedimento metodológico que analisei em "Incomensurabilidade entre paradigmas, revoluções e *common ground* no desenvolvimento da psicanálise" (Fulgencio 2021c).

noção de complexo de Édipo nas obras de Klein e de Winnicott, como forma de explicitar algumas diferenças e proximidades entre esses autores. Mostrou-se que, enquanto em Klein há a ideia de um Édipo precoce, base para a constituição do ser humano, ligado a fases pré-genitais e à relação do tipo parcial com os objetos, em Winnicott, o complexo de Édipo aparece somente em uma fase tardia do amadurecimento, quando o indivíduo já está integrado, caracterizando um desenvolvimento saudável.

No Capítulo 3, "Atualidade de 'O brincar como modelo do método de tratamento psicanalítico'", pretendo mostrar que o tratamento psicanalítico, do ponto de vista de Winnicott, tem um modelo clínico pensado em função da atividade de brincar, considerado em si mesmo, para além do seu valor expressivo ou simbólico, diferenciando-se da maneira como Freud e Klein compreendem essa atividade. Ao explicitar as características da psicanálise, focando nossa atenção nas propostas de Freud, Klein e Winnicott, especialmente no que diz respeito ao lugar da sexualidade, do complexo de Édipo, podemos apreender a diferença entre um modelo de tratamento psicanalítico que tem na interpretação e no desvelamento dos conflitos inconscientes (referidos à sexualidade e ao complexo de Édipo) o seu guia, para um outro que tem no brincar ele mesmo, na criatividade e no encontro de si mesmo e do outro o seu *telos*.

No Capítulo 4, "Winnicott e Ferenczi: plano para estudo das proximidades e distâncias destacadas pela literatura secundária", dedico-me a explicitar as principais proximidades e distâncias, fenomenológicas e conceituais, entre as propostas de Ferenczi e Winnicott, para apresentar um plano de estudo no qual os principais pontos, teóricos e factuais, de uma análise crítico-histórico-comparativa possa ser feito (ou melhor, continuar a ser feito). Trata-se de, retomando a literatura secundária, colocar em evidência que, apesar de ambos se ocuparem de fenômenos clínicos semelhantes (como a importância da mãe como relação primordial, as sintonias e dissintonias das sustentações ambientais, seja no cuidado da criança, seja no processo psicoterapêutico psicanalítico, a necessidade da presença real do analista), eles têm modos diferentes de considerar o lugar da vida instintual no processo de desenvolvimento, bem como têm modelos ontológicos diferentes (Ferenczi, atrelado à metapsicologia freudiana das pulsões; Winnicott, sem desconsiderar a vida instintual, centrado na questão da necessidade de ser). Tal contexto torna possível compreender tanto as continuidades como as diferenças irredutíveis entre esses autores e suas práticas clínicas; ainda que o trabalho mais específico, analisando-se e julgando-se seus textos, fique para ser feito em outras propostas, considerando-se, então, este plano geral de estudo e objetificação dos temas e problemas em diálogo nesses dois autores.

No Capítulo 5 retomo a questão universal do sofrimento do ser humano nos seus modos de ser no mundo para focar como Ferenczi e Winnicott compreendem esse fenômeno, cuidando de apresentar modos de tratá-lo com a psicoterapia. Nessa direção, procuro mostrar que Ferenczi, colocando-se no quadro do pensamento freudiano, apreende o sofrimento como um efeito inevitável dos conflitos que o ser humano tem na administração da sexualidade como impulso fundamental da sua existência, reconhecendo-o desde a sua origem, tanto mítica como factual, até os encontros e desencontros na relação com o outro, analista incluso. Em outro foco, mostro que Winnicott reformula o modelo ontológico de homem utilizado pela psicanálise, reconhecendo na necessidade de ser e continuar a ser o seu fundamento e, nessa direção, distinguindo dois grandes regimes de modos existenciais relacionais do ser humano: o que se refere ao ser e o que se refere ao fazer. Tendo feito essa distinção, é possível diferenciar dois grandes tipos de sofrimento: o que diz respeito a sentir-se real, tendo uma vida própria e encontrando-buscando um lugar para viver (problemas de *ser*); e o que diz respeito à constante e infindável, também inevitável, tarefa conflituosa de relacionar-se com o outro, de relacionar-se com o mundo, seja de modo ativo, seja passivo (problemas de *fazer*).

Ao final, proponho, considerando o conjunto de análises feitas e centrando minha atenção em um dos aspectos clínicos centrais da psicanálise (a interpretação e o que ocorre, no processo analítico, para além ou aquém da interpretação), para diferenciação e discussão, a questão da prática como uma busca do entendimento, a *psicanálise epistemológica*, cujos maiores representantes são Freud e Klein) e/ou uma busca por experiências de si mesmo (num diálogo com Thomas Ogden (2020), a *psicanálise ontológica*, cujos maiores representantes são Winnicott e Bion). Esse comentário, ao final do segundo volume, implementa e dá continuidade à visão de conjunto apresentada no final do Volume 1, em que analiso as diferenciações sobre as diversas experiências e os modos de ser em Winnicott.

* * *

O trabalho de análise da história do desenvolvimento das ideias, no que se refere à compreensão da obra de Winnicott, está ainda começando. No entanto, a reunião deste conjunto de estudos pode contribuir para aprofundar a discussão, testar hipóteses e, na continuidade do trabalho crítico, reformular o entendimento.

Trata-se, aqui, de afirmar também que Winnicott se coloca como um cientista, procurando colocar a psicanálise em um campo teórico e prático de discussão racional e de avaliação da sua utilidade e aplicabilidade heurística. Nesse campo, eternamente aberto a reformulações, caminhamos na tentativa, nem sempre bem-sucedida, de aprimorar nosso pensamento e nossa prática, com o objetivo de aumentar a eficiência do pensamento na resolução de problemas clínicos e sociais, na realização da psicanálise como uma ciência objetiva da natureza humana.

1. Winnicott e Klein: influências, continuidades e rupturas

As propostas de Winnicott, no que se refere às suas contribuições para o desenvolvimento da teoria e da prática psicanalítica, são dependentes, ainda que não todas, da obra de Klein. Também é um fato a existência de diferenças profundas entre eles, por exemplo, no que se refere à consideração das determinações ambientais, ao tipo de maturidade ou imaturidade do bebê para estabelecer relações de amor e ódio com os objetos reconhecíveis como não eu, a adesão ou rejeição da hipótese de uma pulsão de morte e de uma inveja inata etc. Ele diz, por exemplo, em 1969, em uma conferência redigida para uma reunião científica da Sociedade Britânica de Psicanálise:

> *Como com frequência declarei, aprendi muita coisa diretamente de Melanie Klein na década que precedeu a guerra. Poder-se-ia dizer que as novas ideias que vieram dela naquele frutífero período de seu trabalho me impressionaram e tiveram um efeito positivo sobre a totalidade de meu trabalho. Descobri-me capaz de usar a*

> *sucessão de ideias novas, mas isto nunca se tornou tão obviamente verdadeiro após a guerra e após o período em que a Sra. Klein organizou-se, e a seus colegas, para defender a sua posição. Meus sentimentos a respeito do trabalho da Sra. Klein mudaram na Conferência de Genebra, durante a leitura de seu trabalho sobre a inveja. Não foi fácil perceber por que é que eu não podia mais aceitar o seu novo enunciado teórico.*[1]

Diversos autores têm tentado analisar as proximidades, distâncias, influências, complementaridades, continuidades e rupturas entre Klein e Winnicott, sendo que, em geral, essas análises parecem mostrar, paradoxalmente, que suas obras estão conectadas e, ao mesmo tempo, têm disparidades conceituais, léxicas e semânticas irredutíveis. A compreensão das relações entre esses autores não é obra de um livro, muito menos de um artigo, dada a amplitude e a complexidade de suas contribuições; é como se, por analogia, estivéssemos nos colocando a questão das diferenças entre Newton e Einstein, entre a física clássica e a relativista, o que aponta pois, para a impossibilidade de responder a todas as questões que esse problema coloca. No entanto, podemos marcar alguns pontos e, assim, delimitar um quadro dentro do qual uma série de estudos e análises mais pontuais possam ocorrer. É esse o objetivo deste Capítulo.

Sendo sintético na apresentação da minha posição, demonstro algumas considerações epistemológicas e metodológicas para realizar a tarefa de fazer dialogar autores que têm semânticas teórico-conceituais diferentes: considero que são os *fenômenos descritos* por Klein, com a concordância ou discordância (parcial ou total) de Winnicott, os elementos que foram propriamente incorporados

1 Winnicott 1989xg, p. 351.

por Winnicott na sua maneira de teorizar e descrever os fatos clínicos, bem como para elaborar uma teoria do desenvolvimento emocional. Tal perspectiva, que coloca os fenômenos e não os conceitos como elos para o diálogo, pode ser um caminho frutífero para a realização de uma comunicação e avaliação crítica entre as propostas teórico-clínicas de Klein e Winnicott, respeitando-se suas diferenças semânticas.

Para explicitar esse tipo de influência de Klein sobre Winnicott, em primeiro lugar, retomarei o que considero ser um *solo comum*, compartilhado por todos os psicanalistas; depois, me dedicarei à análise dos comentadores das relações entre Klein e Winnicott para, ao final, indicar como o conceito de *inveja inata* foi tão rejeitado quanto incorporado por Winnicott em seu sistema teórico.

O common ground *dos psicanalistas*

Freud afirmou que os fundamentos da teoria psicanalítica eram: o reconhecimento dos processos psíquicos inconscientes; a importância dada à sexualidade infantil e ao complexo de Édipo; a compreensão psicanalítica da natureza e do modo de funcionamento dos sonhos; e o reconhecimento dos fatos da transferência e da resistência no curso do tratamento pelo método psicanalítico.[2]

Klein e Winnicott compartilham desses fundamentos, ainda que possam ter descrições e referentes um pouco diferentes para cada um deles: não se trata do mesmo tipo de inconsciente, especialmente nas fases mais primitivas do desenvolvimento; não se dá a mesma importância e o mesmo lugar para a sexualidade infantil e o complexo de Édipo; não se lida com a transferência e a

2 Cf. em Freud 1905d, p. 227n; 1914d, p. 17; 1923a, p. 247; 1923b, p. 13; 1933a, p. 7.

resistência (especialmente no que se refere ao reconhecimento do ambiente na sua realidade) da mesma maneira etc.

Klein se coloca e é reconhecida como freudiana. Winnicott, por sua vez, ainda que alguns o distanciem de Freud, julga-se um produto da escolar freudiana, sem, no entanto, precisar concordar com tudo que Freud propôs. Winnicott diz, nesse sentido:

> *O leitor deve saber que sou um fruto da escola psicanalítica, ou freudiana. Isso não significa que eu tome como correto tudo o que Freud disse ou escreveu; isso seria em todo caso absurdo, visto que Freud continuou desenvolvendo suas teorias – isto é, modificando-as (de modo ordenado, como qualquer cientista) – até o momento de sua morte, em 1939.*[3]

Ao reconhecer o que Freud nos deu de fundamental, Winnicott diz: "[Freud] começou uma abordagem científica do problema do desenvolvimento humano [...] ele nos deu um método a ser usado e desenvolvido, do qual poderemos checar as observações dos outros e contribuir com as nossas próprias observações [...]".[4] Mais do que isso, Winnicott redescreveu uma série de conceitos propostos por Freud (inconsciente, sexualidade, complexo de Édipo, Id, ego, superego, narcisismo primário etc.), dando a eles uma nova realidade.[5]

Neste artigo, procuro indicar que Winnicott tem com Klein uma posição análoga à que teve com Freud, aceitando e reiterando suas descobertas empíricas e redescrevendo e/ou recusando suas especulações. Trata-se de colocar esse tipo de análise em um

---

3 Winnicott 1965t, p. 29.

4 Winnicott 1965t, p. 29.

5 Cf. Fulgencio 2010a, 2013a, 2013d, 2013e, 2014a, 2014d.

quadro geral crítico-avaliativo, não propriamente para esgotar tal tipo de problema, mas para estabelecer, tendo enquadrado o campo de trabalho crítico, a direção para que aprofundamentos futuros possam ser feitos, respeitando-se uma *ética da terminologia* (na qual são conhecidos e respeitados os sentidos e referentes dos termos usados) e um procedimento epistemológico e metodológico para seu desenvolvimento.

Reconhecimento e crítica de Winnicott das contribuições de Klein

Quando Winnicott procura resumir quais foram as contribuições de Klein que não podem ser desperdiçadas pela psicanálise,[6] ele se refere a:

1. *fatos e fenômenos* que passaram, então, a ser vistos e considerados: o reconhecimento das fantasias inconscientes infantis, dos impulsos e objetos benignos e persecutórios (como tendo origem nas experiências instintivas [pulsionais] das crianças); a compreensão de mecanismos projetivos e introjetivos na primeira infância, associados às funções corporais e incorporação e excreção; o desvelamento dos impulsos destrutivos nas relações objetais para além do que ocorre em função da frustração em relação ao objeto; a compreensão da defesa maníaca como uma negação da depressão; o reconhecimento de que, no início, a criança pode viver um tipo de angústia de aniquilamento; o reconhecimento de que a criança pode ter sentimentos e impulsos de retaliação, como também fazer um tipo de

6 Winnicott 1965va.

cisão do *self* e dos objetos, separando seus aspectos bons e maus, antes que a possibilidade de apreender e viver a ambivalência tenham sido conquistadas.

2. *modificações técnicas* que ampliaram o poder de ação do método psicanalítico (no tratamento de crianças, *borderlines* e psicóticos): a técnica psicanalítica ortodoxa como adequada para o tratamento de crianças (de 2, 5 anos de idade para frente) e de pacientes psicóticos e *borderlines*; a técnica do brincar, com o uso de brinquedos pequenos, como uma expressão do associar livremente do adulto.

Winnicott também se refere às descobertas de Klein dirigidas à primeira infância – focadas no reconhecimento da agressividade (antes de a agressão ser uma reação à frustração) e dos mecanismos de defesa (cisão, projeção e introjeção), contra as ansiedades primitivas, advindas das relações objetais primitivas[7] –, considerando que ela procurou descrever o que é a vida do lactente nas fases iniciais do desenvolvimento emocional, mas que não teria dado atenção suficiente à relação de dependência do bebê no que se refere ao ambiente (à mãe-ambiente) nas fases mais primitivas do desenvolvimento.[8]

Ao fazer um balanço das contribuições de Klein, Winnicott afirma que a "posição depressiva" foi uma descoberta de mesmo peso que a feita por Freud com o complexo de Édipo. Winnicott não está se referindo ao conceito, mas à compreensão de um conjunto de fenômenos e suas relações. Nesse sentido, ele também reconhece como *duvidosas* as especulações kleinianas sobre a pulsão de morte e a inveja e agressividade inatas.

---

7 Winnicott 1960c, p. 51.

8 Winnicott 1960c, p. 51.

Pode-se dizer que todos os fenômenos descritos por Klein (relação mãe-bebê, fantasia inconsciente, brincar, complexo de Édipo precoce, posição depressiva etc.) foram redescritos e teorizados por Winnicott, mas em um léxico e um quadro teórico diferente do dela (elaboração imaginativa, gesto espontâneo, amálgama mãe-bebê, ilusão de onipotência, concernimento, integração da sexualidade no *self*, relações entre pessoas inteiras etc.); da mesma forma, que as especulações kleinianas, como a suposição da existência de uma *inveja inata* e da reiteração da *pulsão de morte*, propostas por Freud, foram consideradas duvidosas e rejeitadas. Em geral, o que Winnicott rejeita corresponde ou especula ao que ele considera uma descrição inadequada dos fenômenos – por exemplo, considerar que o complexo de Édipo poderia ser descrito em termos de objetos parciais.[9]

Assim, o que Winnicott critica veementemente nas propostas de Klein são justamente alguns pressupostos e conceitos que não correspondiam ao que ele percebera da realidade infantil e da realidade clínica, a saber: a consideração de que o bebê pode ter relações de objeto (amor e ódio em relação a propósitos dados como externos ao bebê) desde o início de sua vida pós-natal; o foco excessivo dado à realidade infantil interna (com a não consideração mais efetiva das determinações do ambiente); a teoria da agressividade, elaborada em função da hereditariedade, bem como da inveja inata; a pouca importância dada ao ambiente, seja na compreensão ou na ação clínica, e suas determinações para o desenvolvimento emocional.

9 Cf. Marchiolli & Fulgencio 2012.

Análise crítica das propostas de compreensão das relações entre Winnicott e Klein

Winnicott se vê como um cientista que construiu sua compreensão a partir de Freud, afirmando-se como um freudiano para além de Freud.[10] No caso de Klein, Winnicott jamais se colocou como um kleiniano, como também jamais foi visto de tal maneira, ao menos na sua época. Greenberg & Mitchell já haviam notado, em um de seus comentários sobre Winnicott, que este usava termos comuns a diversos outros psicanalistas, mas com sentidos diferentes dos que tinham na sua origem:

> *Winnicott conserva a tradição de maneira curiosa, em grande parte distorcendo-a. A sua interpretação dos conceitos freudianos e kleinianos é tão idiossincrática e tão pouco representativa da formulação e intenção originais deles a ponto de torná-las, às vezes, irreconhecíveis. Ele reconta a história das ideias psicanalíticas não tanto como se desenvolveu, mas como ele gostaria que tivesse sido, reescrevendo Freud para torná-lo um predecessor mais claro e mais fácil da própria visão de Winnicott.*[11]

Já indiquei, *grosso modo*, de que maneira considero que Klein influenciou Winnicott e, agora, proponho retomar, para uma análise crítica, as posições de outros autores que se dedicaram a analisar as relações entre Klein e Winnicott, que são, as apresentadas por Adam Phillips (1988), John Padel (1991), Joseph Aguayo (2002),

10 Cf. Fulgencio 2010a; e todo o Volume 1 de *Winnicott & Companhia*; cf. tb. em Winnicott 1989f, p. 437.

11 Greenberg & Mitchell 1983, p. 139.

Robert Ehrlich (2004), André Green (2005b), Meira Likierman (2007), Susan Kavaler-Adler (2014) e Jan Abram & Robert Douglas Hinshelwood (2018). Trata-se, na avaliação crítica desses comentadores de também inserir seus trabalhos no mesmo quadro epistemológico-metodológico que estou propondo, analisando criticamente suas propostas.

Adam Phillips (1988) defende que Winnicott não pode ser entendido sem referência a Klein, que sua obra está em um *constante diálogo* com as propostas da autora e que ele usa uma série significativa de fatos explicitados por ela, como a importância do mundo interno e seus objetos, o poder difundido e o complexo das fantasias infantis inconscientes, a noção de avidez primitiva etc.[12] No entanto, referindo-se a Freud, Phillips marca uma divergência que também deve ser considerada em relação a Klein:

> *Enquanto Freud se preocupava com as enredadas possibilidades de satisfação pessoal de cada indivíduo, para Winnicott essa satisfação seria apenas parte do panorama mais amplo das possibilidades para a autenticidade pessoal do indivíduo, o que ele chamará de "sentir-se real". Na escrita de Winnicott, a cultura pode facilitar o crescimento, assim como o pode a mãe; para Freud, o homem é dividido e compelido, pelas contradições de seu desejo, na direção de um envolvimento frustrante com os outros. Em Winnicott, o homem só pode encontrar a si mesmo em sua relação com os outros, e na independência conseguida através do reconhecimento da dependência. Para Freud, em resumo, o homem era o animal ambivalente; para Winnicott, ele seria o animal dependente, para quem o desenvolvimento – a*

12 Phillips 2007 [1988], p. 31.

> *única "certeza" de sua existência – era a tentativa de se tornar "separado sem estar isolado". Anterior à sexualidade como inaceitável, havia o desamparo. Dependência era a primeira coisa, antes do bem e do mal.*[13]

Nesse livro, Phillips aponta uma série de divergências entre Winnicott e Klein, a saber: a diferente concepção sobre o que é o mundo primitivo do bebê, especialmente no que se refere à recusa que Winnicott faz da descrição Kleiniana (posição esquizoparanoide) dessa fase inicial; os modos de considerar o ambiente, a sua importância no processo de desenvolvimento e nos tratamentos psicoterápicos (psicanalíticos ou feitos com base na compreensão psicanalítica); a compreensão do que é o *self*, termo que não estaria presente nem em Freud nem em Klein; a consideração das relações de dependência, como fator determinante do desenvolvimento e da ação clínica etc.

Phillips também considera que cada grande autor, fundador de um sistema teórico amplo e consistente na psicanálise, está olhando para um aspecto específico da realidade, vendo um conjunto de fenômenos e problemas, focando sua teoria em um ângulo ou colapso específico do processo de desenvolvimento:

> *Cada teórico da psicanálise, poder-se-ia dizer, organiza sua teoria em volta do que poderia ser chamado de uma catástrofe essencial; para Freud, era a castração; para Klein, o triunfo da pulsão de morte, e para Winnicott, era a aniquilação do self central pela intrusão, como falha no ambiente de sustentação.*[14]

---

13 Phillips 2007 [1988], p. 29.

14 Phillips 2007 [1988], p. 209.

Todas essas considerações de Phillips fornecem uma apreensão objetiva das diferenças entre Winnicott e outros autores, em especial Freud e Klein, distinguindo o que Winnicott, Klein e Freud teriam visto de forma diferente, o que um e outro teria entendido que não fora considerado em outro sistema, com ênfase, evidente, naquilo que seriam as propostas de Winnicott. No entanto, ao procurar comentar o *constante diálogo* entre Winnicott e Klein, ele não se ateve a diferenciar a disparidade e a incomensurabilidade entre os sistemas teóricos díspares nem a distinguir, na análise dessas diferenças, o que são os fenômenos descritos e o que são os conceitos propostos, o que poderia, pois, obscurecer uma análise mais objetiva do que são as continuidades e rupturas entre tais autores, bem como a especificidade de cada sistema.

John Padel, no seu artigo "The Psychoanalytic Theories of Melanie Klein and Donald Winnicott and Their Interaction in the British Society of Psychoanalysis",[15] procurou explicitar quais seriam as *interações conceituais* entre Klein e Winnicott, considerando-os, como fundadores da escola das relações de objeto na psicanálise. Sua análise destaca a recusa que Winnicott fez da expressão "posição esquizoparanoide", como um nome inadequado para referir-se ao que ocorre com o bebê nas primeiras semanas de vida,[16] bem como a crítica que Winnicott fez a Klein por ela não ter considerado adequadamente o ambiente externo.[17] Com esse foco, ele faz uma série de comentários que giram em torno da questão da compreensão da natureza, função e dinâmica do modo de ser do bebê no mundo, no seu início, afirmando, então, qual era o seu propósito e sua hipótese:

15 Padel 1991.

16 Padel 1991, p. 326.

17 Padel 1991, p. 335.

> *Acredito que Winnicott e Klein estavam tentando explicar o mesmo tipo de experiência, mas que nenhum deles podia aceitar a linguagem do outro ao explicá-la. Klein precisava usar termos que descreviam os atos psíquicos de uma pessoa (bebê, criança ou paciente) sem considerar o comportamento ou as ações do outro (que estava separado, mas que era seu objeto). Então, ela usou o termo identificação projetiva (e introjetiva); a identificação era a consequência do comportamento, mas era uma experiência psíquica e não um ser real. Winnicott precisava de um relato que enfatizasse a realidade do relacionamento entre uma pessoa e a outra, mas principalmente a realidade da identidade passada da mãe e do self de cada um.*[18]

Creio que a consideração de que tanto Klein quanto Winnicott procuram descrever e/ou compreender o que ocorre com o bebê nas fases mais primitivas do desenvolvimento não é suficiente para afirmar que suas teorias (sobre essas fases) têm os mesmos referentes. Basta prestarmos atenção no fato de que Klein defende que o bebê, desde o seu início pós-natal, já tem a capacidade para estabelecer efetivas relações de objeto[19] e que Winnicott considera que o bebê é imaturo para estabelecer tais relações[20] para percebermos que eles não estão se referindo ao mesmo bebê. Poderíamos, também nessa direção, explicitar que o modelo ontológico de homem, proposto por Klein e por Winnicott, não são os mesmos, salientando que a inserção da noção de ser, por Winnicott, na psicanálise, corresponde, como comenta René Roussillon,[21] a uma ruptura

18 Padel 1991, p. 342.

19 Klein 1952, p. 72.

20 Winnicott 1988, p. 153.

21 Roussillon 2009, p. 123.

epistemológica.[22] Há determinadas realidades, referentes, que não estão presentes igualmente nos dois autores (*self*, ser, ilusão de onipotência, édipo precoce etc.), o que torna impossível fazer certas sínteses ou mesmo afirmar que eles podem estar falando da mesma realidade o tempo todo.

Joseph Aguayo,[23] por sua vez, procura descrever *afinidades* e *divergências* entre Klein e Winnicott, principalmente na sua análise da maneira díspar como eles incluíram o ambiente e suas determinações nas suas teorias.[24] Seu artigo, a meu ver, parece apontar para o fato de que tanto Klein como Winnicott estariam olhando para o mesmo campo de fenômenos, desconsiderando, pois, que Winnicott, redescrevendo Freud e Klein, teria ampliado e/ou modificado, não só a teoria, mas nos referentes fenomenológicos dessas teorias.

Aguayo mostra que Klein influenciou Winnicott e, talvez, também o inverso, mas não esclarece como essa influência foi operada, dado que também não faz a distinção entre a influência via compreensão dos fenômenos e a influência por importação de coneitos. Ele considera que tanto Klein como Winnicott se propuseram a fazer uma extensão da segunda teoria freudiana sobre a estrutura do psiquismo.[25] No entanto, ele não se ateve a diferenciar a natureza dos conceitos metapsicológicos, que são construções auxiliares de valor apenas heurísticos, e conceitos que têm referentes objetivos na realidade factual.[26] Ao não fazer essas distinções nem considerar a questão epistemológica da comensurabilidade e/ou incomensurabilidade entre sistemas teóricos díspares,[27] sua proposta perde

22 Cf. Fulgencio (2014b, 2020c) para uma análise mais detalhada da natureza e das consequências dessa ruptura.

23 Aguayo 2002.

24 Aguayo 2002, p. 1133.

25 Aguayo 2002, p. 1136.

26 Cf. Fulgencio 2018a.

27 Cf. Fulgencio 2020b.

objetividade. Não se trata de, a meu ver, estabelecida uma base conceitual (segunda tópica, pulsão de morte etc.), afirmar que tanto Klein como Winnicott fizeram expansões da teoria, mas de afirmar, em outra direção, que as descobertas de Klein e de Winnicott, cada uma à sua maneira, chamam a atenção para um determinado conjunto de fenômenos ("veja isto!", "considere tal fato!" etc.) que, uma vez apreendidos, seriam redescritos por cada autor.

Robert Ehrlich[28] faz uma ampla análise das *diferenças* e *oposições* que Winnicott tem em relação à obra de Klein, muitas delas já citadas neste artigo. No entanto, a sua proposta de entendimento dos impulsos ou razões que levaram Winnicott a apresentar suas diferenças em relação a Klein, por vezes até mesmo se opondo a ela, *parece se apoiar nos problemas e ambiguidades pessoais de Winnicott, na sua relação de admiração e inveja em relação a Klein.* Ehrlich, nessa direção, considerou que a obra de Winnicott é uma reação, uma resposta à de Klein, movida por questões afetivas (uma disputa relativa a seu lugar no mundo), levando-o a criticá-la e a fornecer alternativas ao seu pensamento, sem considerar, no entanto, com mais rigor, e sem entender mais profundamente o que Klein havia proposto. Enfim, com base na suposição de quais eram os conflitos pessoais de Winnicott, ele conclui: "É preocupante que Winnicott tenha ficado tão imerso em sua própria perspectiva que às vezes não tenha apreciado com precisão os pontos de vista de Klein, mesmo quando a estava criticando".[29]

Creio ser muito difícil – na verdade, impossível – interpretar a vida emocional de Winnicott em função do seu texto e de sua história, procurando, com isso, validar ou não suas teorias, suas propostas. Esse não me parece, ao menos, ser o espírito com o qual a ciência caminha. Nenhum físico valida o que Einstein fez

28 Ehrlich 2004, p. 480.

29 Ehrlich 2004, p. 480.

pelo fato de ele ter sido um bom ou mau pai, de ter tido conflitos emocionais etc., mas, sim, pelo fato de que suas teorias levaram a enunciar e resolver problemas da física; mais ainda, suas teorias se mostraram mais eficazes em descrever a realidade dos fenômenos que procurava explicar.

Se afastarmos esse argumento, recusando-nos a analisar as teorias e propostas de Winnicott em função dos seus sentimentos e conflitos pessoais, e dedicarmo-nos a verificar se as descrições dos fatos do desenvolvimento emocional, das psicopatologias (suas gêneses, suas dinâmicas etc.) têm, no mínimo, um valor heurístico para a resolução dos problemas que estão no campo da psicanálise, talvez possamos fazer a teoria psicanalítica se desenvolver, sem nos perguntarmos quem tem a verdade. Nessa direção, não caberia mais saber quem influenciou quem exatamente, mas como os fatos foram descritos a partir do que os psicanalistas tinham proposto até então.

André Green[30] se refere à proximidade e à distância de Winnicott em relação a Klein, considerando que Winnicott corresponde a um tipo de transição entre Freud e Klein. Green reconhece a importância de retomar Freud como tarefa básica-fundamental, e, ao fazer isso, chama a atenção para algumas posições de Winnicott, a saber:

- a não utilização do conceito metapsicológico de Freud de aparelho psíquico;
- a não redutibilidade dos impulsos básicos do ser humano às pulsões;
- a consideração de que não existe uma relação de objeto propriamente dita, desde o início, com a inserção das suas noções de objeto subjetivo e transicional;

30 Green 2005b, 2005b, 2013b.

- a consideração de que a sexualidade infantil não tem o mesmo lugar estruturante e definidor da organização psíquica que tem em Freud e em Klein;
- a consideração de um elemento feminino puro e um elemento masculino puro, que é totalmente diferente da tese freudiana da bissexualidade constituinte do ser humano;
- e, ao final, um ponto de acordo, a centralidade da teoria psicanalítica sobre os sonhos.

A continuidade de suas análises parece muito mais destacar as *diferenças* entre Klein e Winnicott (identificação projetiva, crítica à pulsão de morte e à inveja inata, o brincar etc.) do que estabelecer *conexões, proximidades, influências e continuidade*s. Além disso, Green criticou Winnicott por este ter problemas emocionais pessoais que o impossibilitavam de lidar com a agressividade e a destrutividade no ser humano, julgando, então, que Winnicott propôs a noção de ser, expressa na noção de feminino puro, como modo de recusar a pulsão de morte, o que seria, na verdade, muito mais uma proposta afetiva reativa de Winnicott – uma "solução de compromisso", como se diz na psicanálise, para caracterizar um sintoma –, do que uma elaboração teórica dos fenômenos da vida emocional.[31]

Sem que seja necessário entrar em uma discussão mais detalhada sobre a posição de Green, o que já fiz em outro lugar,[32] creio que a maneira como ele abordou o problema das relações entre Klein e Winnicott, ainda que com uma precisão de entendimento que muito nos esclarece sobre a posição teórica de cada um dos autores, não faz uma distinção entre os conceitos e seus referentes,

31 Green 2013b.

32 Fulgencio 2015b; tb. reimpresso em português em Fulgencio, Simanke, Imbasciati & Girard 2018.

o que torna difícil apreender quais são os elementos passíveis de comparação entre um autor e outro analisados por Green.

Meira Likierman,[33] reconhecendo que o contexto teórico de Klein e de Winnicott divergem (suas concepções sobre o que é o ser humano os colocam em perspectivas díspares) e que a tentativa de uma síntese entre sistemas seria um erro metodológico, avalia que tanto o enclausuramento em um sistema quanto a mistura dos sistemas não seriam opções válidas, propondo, então, que procuremos uma terceira via para compreendermos as mútuas influências entre esses autores, buscando a *complementaridade* de suas propostas, tendo em vista o próprio desenvolvimento da teoria psicanalítica. Diz Likierman:

> *Embora nem a polarização nem um* pick-and-mix *simples seja uma alternativa satisfatória, é possível argumentar a favor de uma terceira opção, a de complementaridade. De fato, existem áreas da teoria, tanto em Winnicott e Klein, que poderiam servir de base para criar uma [área] intermediária, mas teoricamente e clinicamente uma área útil. Uma área desse tipo não exclui a presença de ambos os aspectos semelhantes e diferentes da teoria; de fato, a complementaridade também esclarece áreas do pensar que poderiam fazer adições mutuamente compatíveis a um entendimento particular.*[34]

Likierman considera que seria possível conceber a existência de uma área de comunhão entre os sistemas teóricos de Klein e de Winnicott. Haveria uma área na qual poderiam ser encontradas complementariedades em relação a um determinado tema ou

---

33 Likierman 2007.

34 Likierman 2007, p. 114.

fenômeno.[35] Ela propõe, então, fazer-se essa tentativa de análise, em função do conceito de *reparação*: "O conceito de reparação, de Klein, é original e impressionante em seu escopo, mas é incompleto, pois ela não sugere um processo psíquico que permita a reparação, apenas descrevendo seu resultado".[36] Para isso ela procura retomar as obras de Klein e Winnicott, apresentando uma visão geral sobre cada um, para, então, analisar especificamente o conceito de *reparação*. Ao retomá-las, chama a atenção para o fato de que tanto Klein como Winnicott procuram pensar as áreas mais primitivas do desenvolvimento (a relação com a mãe ou com o seio) de uma maneira que teria ultrapassado o ponto de vista de Freud: "Ambos acreditavam que a necessidade do bebê é pela pessoa da mãe, e por uma dual conexão fisiológica e emocional com ela".[37] Likierman segue sua análise destacando a recusa que Winnicott fez dos conceitos de *pulsão de morte* e de *inveja inata*, acabando por destacar, como um problema sobre o qual os dois teriam se debruçado: a questão da ansiedade vivida pelo bebê logo no início do seu desenvolvimento pós-natal.

Creio que Likierman também não faz distinções que reconheçam mais claramente as diferenças entre Klein e Winnicott, dado que não se atém ao fato de que conceitos (mesmo como nomes similares ou próximos) em sistemas diferentes têm diferentes referentes. Seria o caso, por exemplo, da distinção entre as *angústias de aniquilação*, propostas por Klein, e as *angústias impensáveis*, propostas por Winnicott, ambas procurando descrever o que ocorreria, em determinadas condições, com o bebê nas suas fases mais primitivas. Não se trata da mesma concepção ontológica de ser humano, do mesmo bebê (com suas maturidades e imaturidades), em

35 Likierman 2007, p. 114.

36 Likierman 2007, p. 125.

37 Likierman 2007, p. 115.

um e outro autor! Talvez só na fase do concernimento, em Winnicott, e na posição depressiva, em Winnicott, seja possível encontrar referentes mais ou menos similares. Por um lado, talvez eles sejam mesmo complementares, mas não em um mesmo quadro teórico, dado que aquilo que está sendo reparado, para um e para outro autor, parece-me colocar Winnicott e Klein em focos e problemas diferentes

Susan Kavaler-Adler, no livro *The Klein-Winnicott Dialectic: Transformative New Metapsychology and Interactive Clinical Theory*,[38] reconhece existir conflitos conceituais importantes quando compara posições de Klein com as de Winnicott, mas defende que *duas contribuições talvez possam ser integradas em uma base fenomenológica comum*. Ela defende, assim, que aquilo que Klein procurou descrever (fenomenologicamente) com a sua teoria da posição esquizoparanoide e da posição depressiva corresponde ao mesmo campo de fenômenos teorizados por Winnicott, em uma outra linguagem e recusando a pulsão de morte.

Por um lado, é fato que ambos se ocuparam dos estágios mais primitivos do desenvolvimento, mas isso não significa que Klein e Winnicott, com suas teorias e seus conceitos, estejam se referindo à mesma realidade, aos mesmos fenômenos. Ela se propõe, então, a fazer uma síntese dialética, apoiando-se não só em Klein e Winnicott, mas em outros psicanalistas (como Fairbairn, Kohut, Balint, Bion, Fonagy, Mahler, Ogden), amalgamando os autores a partir de suas próprias concepções e interpretações,[39] para apresentar uma "teoria de desenvolvimento integrada".

Kavaler-Adler, como outros já citados (Padel, Aguayo e Green), retoma a história de vida pessoal de Klein e Winnicott, procurando,

38 Kavaler-Adler 2014.

39 Kavaler-Adler 2014, p. xxvii.

com isso, fornecer um esclarecimento sobre as escolhas, ênfases e eventuais falhas nos sistemas teóricos desses autores. Dados desse tipo podem indicar campos de interesse e compromissos afetivos que podem orientar e mesmo limitar o pensamento científico de um autor, mas não podem servir como critério de avaliação de uma teoria. No entanto, é necessário lembrar que as teorias valem pelo seu poder de descreverem sinteticamente os fatos, ou ainda, por seu poder heurístico na resolução de problemas de um determinado campo do conhecimento, e não porque os seus autores têm tal história afetiva.

Sobre as relações Klein-Winnicott, especificamente, ela escreve, sem dar, no entanto, referências bibliográficas mais precisas (citando, por vezes, tomos das obras completas de Klein e, de Winnicott, alguns livros e um ou outro texto, mas sem dar o local ou locais exatos em que o leitor poderia encontrar as passagens que sustentariam suas afirmações):

> *Winnicott era um teórico kleiniano. Como aqueles que estão familiarizados com o trabalho de Klein e Winnicott estão bastante conscientes, Winnicott estava em um diálogo contínuo com a teoria kleiniana em praticamente todos os seus próprios trabalhos. Klein tornou-se uma película sobre a qual Winnicott poderia lançar suas visões cada vez mais distintas e parcialmente polarizadas. Enquanto Klein (1932,* The Psychoanalyse of Children*) escreveu sobre a boa mãe interna, Winnicott (1960a, "The theory of the parent-infant relationship") escreveu sobre a mãe externa "suficientemente boa". Enquanto Klein (1957,* The Writings of Melanie Klein, Volume III: Envy and Gratitude and others Works 1946-1963*) escreveu sobre ansiedades depressivas de machucar ou matar aquele que um precisa e ama, com*

> *um resultante remorso e arrependimento focado no outro, Winnicott (1965,* The Maturational Process and the Facilitating Environment*) escreveu sobre "a capacidade de preocupação". Enquanto Klein (1975,* The Writings of Melanie Klein, Volume I: Love, Guilt and Reparation and others Works 1921-1945*) escreveu sobre o espaço interno do mundo, Winnicott (1971a, "Transitional objects and transitional phenomena") escreveu sobre o espaço de transição e potencial. Enquanto Klein (1975) escreveu sobre agressão inata, Winnicott (1947, "Hate in the countertransference") escreveu sobre ódio. Enquanto Klein (1975) escreveu sobre a manutenção da conexão autêntica e amorosa com objetos, através de remorso e reparação, Winnicott (1960b, "Ego Distortion in Terms of True and False Self") escreveu sobre o fato de o verdadeiro eu poder emergir das relações objetais a partir de dentro. Enquanto Klein (1957) escreveu sobre a interpretação de impulsos e fantasias de raiva retaliatória, muitas vezes baseadas na inveja, a fim de promover a capacidade de amar através da consciência do ódio e do seu significado, Winnicott (1971b, Playing and Reality; 1975, Through Paediatrics to Psycho-Analysis) escreveu sobre o(s) analista(s), sobre a sobrevivência interpretativa de uma raiva primordial (sem retaliação ou abandono) por parte do analista.*[40]

Ao proceder dessa maneira, Kavaler-Adler considera que eles escreveram diferentes teorias ou abordagens para tratar dos mesmos fenômenos. No entanto, o sistema teórico desenvolvido por

40 Kavaler-Adler 2014, p. 60.

Klein e Winnicott tem divergências estruturais significativas, seja de modelo ontológico, seja no que se refere ao entendimento do que é e do que pode o bebê, em termos relacionais, no seu início pós-natal; além disso, há termos irredutíveis entre seus léxicos, como *self*, *ser*, *elemento feminino puro* etc.

Jan Abram & Robert Douglas Hinshelwood[41] apresentam, ao que sei, o trabalho mais completo e cuidadoso na análise das semelhanças, influências e diferenças entre Winnicott e Klein. Eles apresentam um quadro de discussão temática amplo e muito detalhado dos pontos de concordância e discordância desses autores,[42] reconhecendo e enfatizando que ambos foram pioneiros na compreensão das relações primitivas mãe-bebê, mas constituíram paradigmas semântico-teóricos diferentes. Ao listarem, então, os pontos de concordância e discordância entre Klein e Winnicott,[43] eles apresentam um conjunto amplo de temas e problemas, como:

- a técnica para a análise de crianças com o uso de brinquedos pequenos, ambos concordando com a importância dessa proposta;
- as fantasias inconscientes, como algo a ser sempre considerados desde as origens, ainda que possam discordar sobre o que é a fantasia na existência do bebê;
- a primazia dos instintos, para Klein, ou do ambiente, para Winnicott;
- a defesa e o apoio na teoria da pulsão de morte, em Klein, e a sua recusa, por Winnicott, considerando-a como um erro de Freud e de Klein, na tentativa de explicarem as origens da agressividade e da compulsão à repetição;

41 Abram & Hinshelwood 2018.

42 Abram & Hinshelwood 2018, pp. 27-28.

43 Abram & Hinshelwood 2018, pp. 27-28.

- a natureza e importância da atividade de brincar, tanto clínica como na vida ordinária, sendo, para Klein uma atividade expressiva, valendo pelos símbolos e afetos que expressa, e para Winnicott, como uma atividade que tem valor em si mesma;
- a existência, para Klein, da possibilidade de relações de objetos desde o início pré-natal e, portanto, a existência de um ego precoce, e, para Winnicott, a imaturidade do bebê para ter relações de objeto e para ser integrado na sua unidade como sujeito psíquico;
- a descrição do desenvolvimento em termos de modos de relações objetais, para Klein, e, em termos das relações de dependência, para Winnicott;
- o lugar e o momento em que a sexualidade e o complexo de Édipo têm importância, para Klein, com um dado de base, e, para Winnicott, como uma conquista do desenvolvimento.

A maneira como apresentam esses temas-fenômenos também diz respeito às teorias metapsicológicas que os acompanham, abarcando a teoria psicanalítica de um modo mais geral, cuja análise mais detalhada nos levaria a escrever muito mais do que temos aqui o direito, e isso nos distanciaria, creio, do nosso objetivo geral, que é demarcar um quadro para a compreensão das continuidades e rupturas entre as propostas de Winnicott e as de Klein.

A meu ver, Abram & Hinshelwood tocam em muitos temas, mas não enfatizam certas diferenças que me parecem fundamentais, deixando um pouco obscuro o que diferencia Klein de Winnicott, e vice-versa. Por exemplo, a diferença de modelo ontológico entre eles e o lugar da noção de ser, distinguindo os modelos ontológicos em jogo; o modelo de saúde, bem como o de fim de análise;

o reconhecimento mais claro dos fenômenos, acontecimentos e problemas que não são redutíveis à questão da administração da vida instintual nas relações interpessoais (ou seja, da sexualidade no cenário edípico); a compreensão da ação de brincar como fundamento da prática clínica e da própria natureza humana, por Winnicott, como algo que tem valor para além de ser expressão simbólica do mundo interno, mas valor em si mesmo (brincar que será um modelo para a prática clínica); o lugar da angústia e da dependência no processo analítico, recolocando a importância do ambiente; e, ao final, o reconhecimento de que, no fim de análise, não teríamos *inveja e gratidão*, mas autonomia sentida como conquistada por si mesmo, sem dívida com o analista, mas com amor por ele, como nas relações saudáveis entre pais e filhos. Todos esses temas constituem, ainda, a meu ver, pontos a serem analisados em maior profundidade, tanto para compreender as diferenças entre esses autores quanto para reconhecer continuidades e possibilidades de diálogos, tendo em vista do desenvolvimento da psicanálise, tanto como ciência como *práxis*.

* * *

Em resumo, nessa perspectiva de análise que estou apresentando, não há integração ou síntese possível entre sistemas teóricos díspares; o que um sistema pode fazer é fornecer elementos factuais-descritivos que podem servir como *incitações* para que outro sistema os redescreva no seu próprio quadro conceitual.[44] Não obstante, esses sistemas interferem profundamente uns nos outros, fornecendo horizontes, mostrando fragilidades e falhas uns aos outros, dando, então, uma contribuição para que as teorias e as práticas de cuidado psicanalíticas possam se desenvolver.

---

44 Cf. uma análise epistemológica desse problema da comunicação entre propostas teórico-semânticas díspares na psicanálise em Fulgencio 2020b.

Feito esse trabalho de análise crítica metodológica, eu me dedicarei agora a apresentar um exemplo da maneira como podemos compreender as relações de influência entre Klein e Winnicott, abordando um fenômeno específico, um ponto de divergência, que é proposta de Klein sobre a origem da agressividade, centrada na sua consideração da existência de uma *inveja inata*, presente e expressa como um tipo de sentimento e modo de relação do bebê com o seio (a mãe) desde seu momento de existência pós-natal.

A maneira como Winnicott abordou esse problema, no seu diálogo com Klein, também é uma expressão de tal proceder metodológico que analisei até agora, dado que ele foca sua atenção nos fatos e problemas que Klein estaria tentando descrever (a inveja, dirigida a algo bom, como um sentimento primitivo, reconhecível nos pacientes em análise) para, então, recusando a solução de Klein, apresentar uma outra resposta (teórica-descritiva) para o problema da origem da inveja no processo de desenvolvimento, seja em termos patológicos seja em termos de um processo saudável.

Isso corresponde a um dos aspectos de uma análise das diferenças teóricas entre os autores. Certamente, deveríamos no ocupar das suas diferenças clínicas e de manejo das relações transferenciais, tratando de temas abordados a seguir: o lugar da angústia no tratamento psicanalítico; a natureza e a função da atividade de brincar, tanto em termos universais, como clínicos; o reconhecimento do ambiente real, dos pais reais, como importantes para a prática psicanalítica; os objetivos do tratamento psicanalíticos para cada autor (o lugar da inveja e da gratidão) etc. No entanto, uma análise desse tipo nos levaria a ampliar este texto para muito além do espaço que tenho.

Nesse sentido, proponho indicar que aquilo que Klein propôs como o referente do conceito de *inveja inata* pode ou não ser integrado àquilo que Winnicott descreveu, mostrando como ele *tanto rejeita* a posição de Klein *quanto integra* o fato de que bebês podem sentir inveja em momentos muito primitivos de seu desenvolvimento, desde que dadas certas condições específicas para que esse fenômeno ocorra.

Contribuição kleiniana para a compreensão da inveja no quadro do sistema teórico winnicottiano

Klein considerou, com base na sua experiência clínica, que a inveja é um sentimento presente na existência humana desde muito cedo e que tem base constitucional.[45] Ela afirma que esse sentimento se dirige a objetos não eu com os quais o bebê se relaciona. Essa situação relacional levaria, pois, à vivência de um impulso destrutivo em relação a esse objeto (esse outro, causa da minha frustração). O fato de o objeto se apresentar como bom e mesmo assim ser invejado é um fator fundamental no raciocínio de Klein, dado que é justamente por não ser suficientemente bom que ele insere e/ou gera o sentimento de que o objeto retém algo para si, frustrando o bebê:

> *Um elemento de frustração por parte do seio está fadado a entrar na relação mais inicial do bebê com o seio, porque até mesmo uma situação feliz de amamentação não pode substituir completamente a unidade pré-natal com a mãe.*[46]

Essa é, por assim dizer, uma tentativa de apresentar uma *explicação descritiva* para a origem do sentimento de inveja. Entretanto,

---

45 Klein 1957, p. 207.

46 Klein 1957, p. 210.

Klein acrescenta a essa explicação uma outra, de natureza *especulativa, metapsicológica*: a inveja advém da ação constitucional da pulsão de morte, impulso básico da existência que, ao invés de se dirigir para dentro do indivíduo (colocando-o, pois, em risco de aniquilamento), é defletida para o mundo, dirigida, pois, aos objetos externos, das mais diversas formas "destrutivas". A inveja seria uma manifestação da deflexão da pulsão de morte, dando à relação inicial mãe(seio)-bebê, mesmo que nas situação mais adequadas, um tipo de colorido semântico negativo (impulsos destrutivos), em composição com os possíveis aspectos positivos (impulsos amorosos), expressão vivencial do conflito ontológico entre a pulsão de morte e a pulsão de vida (como Freud teria proposto após 1920): o bebê tem impulsos invejosos e destrutivos em relação ao mundo e seus objetos, por melhor que sejam estes, dado que esse impulso nada mais é do que a própria expressão dos impulsos básicos da existência. Klein sobrepõe uma suposta compreensão empírica (inveja como fruto de frustração) a uma compreensão especulativa, metapsicológica, edificada sobre sua adesão "realística" à teoria da pulsão de vida e de morte: "A luta entre pulsões de vida e de morte e a resultante ameaça de aniquilação do *self* [decorrente dos efeitos da pulsão de morte] e do objeto por impulsos destrutivos [deflexão da pulsão de morte] são fatores fundamentais na relação inicial do bebê com sua mãe".[47]

Winnicott reconhece a inveja como um sentimento que faz parte da natureza humana, seja no seu desenvolvimento saudável, seja patológico, bem como aponta para o fato de que ela deve ser levada a sério nos processos psicoterápicos psicanalíticos, como um fator determinante a ser trabalhado no processo de cura. No entanto, ele se opõe à maneira como Klein concebe a sua origem.[48]

---

47 Klein 1957, p. 211.

48 Winnicott 1959b, p. 338.

Considero que Winnicott retoma a maneira como Klein descreve a origem do sentimento de inveja a fim de, diferenciando-se dela (rejeitando tanto a sua suposta base constitucional quanto a especulativa pulsão de morte), descrever as condições de possibilidade empíricas para que esse sentimento surja, tanto em fase mais primitivas do desenvolvimento (ressaltando aspectos patológicos do desenvolvimento) quanto em fases posteriores, quando esse sentimento faz parte do desenvolvimento saudável.

Nessa direção, creio poder afirmar que Winnicott recusou as especulações metapsicológicas de Klein,[49] mas reteve os fenômenos reconhecidos por ela. Em outros termos, o que ele integrou ao seu pensamento, advindo de Klein, foram justamente os fatos descritos, e não os conceitos propostos.

Creio que a primeira crítica metodológica feita por Winnicott a Klein corresponde ao fato de que ela projetou o que pode apreender na sua prática clínica com adultos e crianças (na qual a inveja surgiu como um fator determinante e estruturante das relações transferenciais) para a situação do bebê na sua relação primitiva com a mãe (ou o seio).[50] Também nessa direção, Winnicott vai afirmar que Klein não considerou o comportamento ou a qualidade do ambiente ou dos objetos com os quais o bebê se relaciona.[51] Além disso, uma coisa é o que os pacientes, já desenvolvidos na sua história emocional (saudável ou patológica) trazem e atualizam nos processos transferenciais, e, outra é o que ocorre nas situações primitivas que caracterizam a situação neonatal e seus primeiros desenvolvimentos.[52]

---

49 Cf. Fulgencio, Simanke, Imbasciati & Girard 2018.

50 Winnicott 1959b, p. 338.

51 Winnicott 1959b, p. 339.

52 Winnicott 1959b, p. 340.

Winnicott não está negando o fato de que alguns pacientes podem invejar aquilo de bom que um analista (ou uma análise) pode e estaria lhe oferecendo (no jargão kleiniano, *invejam o seio bom*), mas uma coisa é reconhecer um fato que deve ser levado em conta nas análises, e outra é aceitar a maneira como Klein explica a origem desse fato, seja no processo analítico, seja na descrição do processo de desenvolvimento.[53]

Ao analisar quais são as condições de possibilidade (tanto em termos cognitivos como emocionais) para que a inveja possa surgir (como um sentimento que caracteriza as relações objetais), Winnicot diz que é necessário que certas integrações e desenvolvimentos já tenham ocorrido, a saber, que o indivíduo precisa ter a possibilidade de reconhecer um objeto como díspar dele mesmo, mantê-lo representado e estável na sua memória representativa, que esse objeto pode ter qualidades ou propriedades reconhecidas como dele (objeto) e que não estão presentes no bebê (ou, em posse do bebê), e que essa apreensão de si, do objeto e da situação pode persistir no tempo.[54] Para ele, o sentimento de inveja corresponderia a um sentimento que exige um modo elaborado de estabelecer relação com os objetos, exige um grau de organização do ego que não estaria presente no início da vida. Antes de esse grau de organização do ego ser atingido, existe um processo e um estágio anterior a ser percorrido no processo de desenvolvimento emocional.[55]

Isso faz com que Winnicott considere, por um lado, que os bebês não têm, inicialmente, a possibilidade de invejar, em função de sua imaturidade, e, por outro, que a inveja corresponde a um sentimento que pode ser descrito e analisado em termos da sua gênese e evolução no decorrer do processo de desenvolvimento,

53 Winnicott 1989xf, p. 314.

54 Winnicott 1959b, p. 339.

55 Winnicott 1959b, p. 339.

com a aquisição das capacidades para que esse sentimento possa surgir. Mais ainda, que há uma descrição do surgimento da inveja quando ocorre um tipo de falha ambiental específica, em um período bem primitivo do desenvolvimento; e que há uma outra descrição, característica do desenvolvimento saudável, que ocorre mais tarde, porém, desta vez, não em razão de uma falha ambiental, mas em função da própria capacidade (maturacional adquirida) da criança de reconhecer propriedades específicas dos objetos díspares de si mesmo.

Para que um bebê possa vir a sentir *inveja* do *seio bom* (ou seja, do objeto que atende parcialmente às suas necessidades), é preciso que o objeto (a mãe ou o seio) se comporte de uma maneira específica: por um lado, atendendo àquilo que a criança espera e tem necessidade (seja no que se refere às necessidades do ego, seja as do id), de modo que ela possa *ter a experiência do objeto que é bom para ela*; e, por outro, retirando-se dessa posição, fora do alcance da criança, estabelecendo uma situação *tantalizadora*.[56] Em uma situação de desenvolvimento saudável, na qual o ambiente (mãe, seio) atende às necessidades da criança, sem se retirar antes de elas (tanto do id como do ego) terem sido atendidas, não surge esse sentimento: "Onde as qualidades boas da mãe acham-se disponíveis ao bebê, então a inveja não encontra lugar e a questão dela não surge".[57]

Winnicott refere-se sinteticamente aos acontecimentos que estariam na gênese da possibilidade de sentir inveja:

> *Talvez ache aqui uma solução para a dificuldade [em explicar a origem da inveja]. O tema da inveja poderia ser enunciado em termos de um processo de desilusão*

56 Winnicott 1959b, p. 340.

57 Winnicott 1959b, p. 340.

> *que começa pela adaptação da mãe e inclui o fracasso gradual dela em adaptar-se, combinado com a capacidade crescente que o bebê tem de lidar com esse fracasso. Naturalmente, tem de haver um fracasso de adaptação [...]. Seria então possível ver-se a inveja como uma coisa real na vida do bebê. Ela seria então percebida como um subproduto do relacionamento mãe-bebê em desenvolvimento e da organização do ego do bebê.*[58]

A inveja inata à qual se refere Klein – como sentimento presente desde o início da existência pós-natal como um dado, pois, constituinte das relações objetais –, está, para Winnicott, relacionada a um tipo específico de falha ambiental.

Na situação em que tal falha não ocorre, o bebê – sem saber nada de si mesmo, sem ter a possibilidade cognitiva nem emocional de reconhecer quais são as suas necessidades (nem as do id nem as do ego), de reconhecer e apreender objetos como distintos de si mesmo, de manter a representação dos objetos e de si mesmo como um dado psíquico que se mantém no tempo – quer "algo em algum lugar", e o ambiente (a mãe-ambiente), em comunicação com esse bebê, oferece-lhe (em um período de tempo variável, mas que não decepciona o bebê) aquilo que atende às suas necessidades. Do ponto de vista do bebê, o objeto que lhes atende *surge* como que derivado destas (Winnicott dirá que o bebê *projeta* o objeto de que necessita; nós poderíamos dizer que o bebê *cria* o seio que encontra), ainda que, do ponto de vista do observador, vejamos uma mãe-ambiente realizando muitas adaptações e *fornecendo* aquilo (os objetos ou cuidados) que atende às necessidades do bebê. Em outro tipo de linguagem, poderíamos dizer, por um

58 Winnicott 1959b, p. 340.

lado, que o bebê cria (*projeta*) o *seio bom* de que precisa, e o ambiente, recebendo esse projeto, ou seja, estando em comunicação com esse bebê e entendendo do que ele precisa, adapta-se a ele, não de forma totalmente perfeita, mas suficiente para que o bebê não perca a esperança de ser atendido, suficiente para que ele não se decepcione, suficiente para que a *ilusão* de que a sua necessidade foi atendida *como se* derivasse dela mesma o objeto adequado para sua satisfação. Diz Winnicott, em uma passagem que reitera o que acabo de descrever:

> *Onde existe uma mãe suficientemente boa, então o bebê, a princípio, absolutamente dependente, recebe de fato "um seio bom"; a mãe suficientemente boa recebe a capacidade crescente do bebê de ter uma qualidade pessoal de "seio bom" que poderia ser projetada. A mãe suficientemente boa recebe esta projeção. Desta maneira, no decorrer das semanas e dos meses, o seio bom que o bebê usa não constitui apenas uma projeção, mas acha-se também disponível, ainda que externo ao* self. *[...] Nesta fase o bebê está desenvolvendo um sistema de memória e uma percepção de si que se tornam disponíveis para a projeção. A mãe suficientemente boa recebe esta projeção e, desta maneira, a experiência do bebê em relação ao seio bom é um relacionamento com uma projeção provinda do* self. *Não existe lugar para a inveja aqui.*[59]

No entanto, quando a mãe-ambiente não faz esse tipo de adaptação, não se encontra lá ou não pode receber a *projeção* que o bebê faz, ocorrem diversos tipos de falhas, e o bebê fica privado

59 Winnicott 1989xf, pp. 344-345.

da sustentação ambiental. Dentre as falhas descritas, há uma na qual a mãe-ambiente atende, inicialmente, a essa projeção do bebê, em um período suficiente para que ele possa vivenciar ser atendido (e, nesse momento, então, ter a experiência de contato com um *seio bom*), mas ela não mantém no tempo aquilo que oferece, ou seja, retirando-se e retirando o *seio bom* estabelecendo uma situação tantalizante. Na situação patológica, com o ambiente se comportando dessa forma, surge um objeto bom que é, ao mesmo tempo, de forma paradoxal, também um perseguidor e que precisa ser destruído.[60]

Retomando o próprio Winnicott, de uma maneira mais conclusiva, na sua crítica à solução dada por Klein para a questão da origem da inveja: "não existe lugar em nossa teoria para a inveja que o bebê tem do seio bom quando este é uma projeção, como acontece quando há uma maternagem suficientemente boa".[61] Para ele, a solução de Klein (para compreensão da destrutividade e/ou agressividade, e do surgimento do sentimento de inveja) não leva em consideração a *qualidade* do comportamento do ambiente (o seio ou a mãe-ambiente) em relação ao bebê, crítica que também teria validade para a compreensão da relação paciente-analista, constituindo um tipo de denegação da importância e da qualidade específica dos cuidados ambientais. No seu ponto de vista, foi justamente essa *denegação implícita do fator ambiental* e da questão da dependência que levou Klein, prematuramente, a supor fatores constitucionais para explicar a origem da inveja e a destrutividade no ser humano.[62]

A posição de Winnicott em relação às propostas de Klein sobre a inveja conjugam, pois, duas atitudes: por um lado, o reconhecimen-

60 Winnicott 1989xf, p. 345.

61 Winnicott 1989xf, p. 345.

62 Winnicott 1989xf, pp. 341-342.

to dos fatos que ela estaria descrevendo, distinguindo o apreendido no trabalho clínico e o que ela supõe (de forma especulativa) estar ocorrendo no início do processo de desenvolvimento; e, por outro, complementarmente a essa primeira atitude, tanto a rejeição das especulações quanto a procura pela explicação descritiva da origem da inveja, levando-se em consideração as qualidades e os modos de comportamento do ambiente no cuidado com o bebê, seja na situação de amálgama inicial bebê-ambiente, seja em situações mais tardias do desenvolvimento. Dizendo de uma maneira sintética: Winnicott pôde aproveitar-se daquilo que Klein apreendeu empírica e descritivamente dos fenômenos clínicos e do próprio processo de desenvolvimento emocional, para, então, redescrever esses mesmos fatos no quadro da sua própria semântica teórica.

2. O complexo de Édipo nas obras de Klein e Winnicott: comparações[1]

Priscila Toscano de Oliveira Marchiolli

Leopoldo Fulgencio

Pretende-se, aqui, explicitar as principais diferenças entre Klein e Winnicott quanto às compreensões desses autores com relação ao complexo de Édipo e, sobretudo, com relação ao momento em que este se estabelece no desenvolvimento emocional e quais são as condições envolvidas nesse processo.

No estudo da história da psicanálise, no que concerne à leitura sobre as relações de continuidades e rupturas entre as propostas desses autores, pode-se reconhecer, ao menos, duas posturas opostas: uma diz respeito ao entendimento de que Winnicott construiu uma obra alicerçada pelos pressupostos kleinianos, mantendo-se dentro do quadro conceitual da autora;[2] a outra entende haver, em Winnicott, rupturas significativas em relação a Klein.[3]

1 Este texto é um dos resultados da pesquisa de mestrado, desenvolvida pela autora na Pontifícia Universidade Católica de Campinas (PUC-Camp), sob a orientação de Leopoldo Fulgencio. O artigo foi mantido na sua forma original, publicado em 2012, com pequenas modificações.

2 Aguayo 2002; Meyer 1994.

3 Phillips 2007 [1988]; Loparic 1997a, 1997b, 2001b, 2006; Roussillon 2009.

O texto de Winnicott apresenta, por vezes claramente, momentos de concordância e de divergência em relação a Klein,[4] não só com respeito às formulações sobre o Édipo precoce,[5] mas também a conceitos como o de inveja inata[6] e posição depressiva.[7]

Um delineamento mais preciso das rupturas entre Winnicott e Klein é tarefa considerada por autores como Aguayo[8] e Loparic[9] um desafio para os pesquisadores da atualidade. Nesse mesmo sentido, entende-se como necessário esse tipo de elucidação, pois concepções teóricas divergentes orientam ações clínicas diferentes.

Indubitavelmente, o complexo de Édipo é o conceito central e fundamento da teoria psicanalítica. Sua importância para a psicanálise é de tal ordem que Freud considerou-o o *xibolete*[10] de sua ciência, ou seja, condição *sine qua non* para a prática da psicanálise. Tanto Klein como Winnicott tecem afirmações ao longo de suas obras que revelam sua concordância com certos aspectos dessa descoberta freudiana. Klein afirma que "a psicanálise provou que o complexo de Édipo é o fator mais importante de todo o desenvolvimento da personalidade";[11] Winnicott, por sua vez, considera que o complexo de Édipo permanece "como um fato central, infinitamente elaborado e modificado, mas irrefutável".[12]

---

4 Cf. Winnicott 1965va, 1987b.

5 Winnicott 1988.

6 Winnicott 1989xf.

7 Winnicott 1955c.

8 Aguayo 2002.

9 Loparic 1997b.

10 Freud 1905d, p. 126, nota acrescentada em 1920. Xibolete é uma palavra de origem hebraica que significa *espiga* e, como consta no *Velho Testamento*, trata-se de uma prova de pertinência a um grupo que resulta em uma questão de vida ou morte. Para uma análise sobre os xiboletes da psicanálise para Freud, sugerimos Fulgencio 2008g, pp. 207-208.

11 Klein 1927b, pp. 200-201.

12 Winnicott 1947a, pp. 167-168.

No entanto, é possível reconhecer diferenças entre suas concepções sobre o Édipo, tanto em relação a Freud quanto em relação a suas próprias produções: Klein apresenta ao mundo psicanalítico o Édipo precoce,[13] vivido em termos de relações parciais de objetos; em Winnicott, encontra-se a recusa do Édipo precoce e uma redescrição *stricto sensu* do complexo de Édipo vivido quando a criança atinge a maturidade, que a caracteriza como uma pessoa inteira.[14]

Segue-se uma análise dos aspectos principais das compreensões desses dois autores sobre o complexo de Édipo, buscando-se explicitar as principais diferenças e proximidades entre eles.

O conceito kleiniano do complexo de Édipo

A compreensão da concepção kleiniana sobre o momento e a maneira como é vivido o complexo de Édipo depende da sua reformulação da teoria da sexualidade, baseada nas posições esquizoparanoide e depressiva.

Tal teoria das posições corresponde, como comentam Greenberg & Mitchell,[15] a uma reformulação da teoria das fases psicossexuais de Freud, dado que, para ela, na verdade, as fases freudianas justapõem-se e misturam-se umas às outras. As posições, para Klein, correspondem a modos de funcionamento das relações com os objetos e os mecanismos de defesa a eles associados, sendo que, na posição esquizoparanoide, "o amor e o ódio, bem como os aspectos bons e maus do seio, são mantidos amplamente separados um do outro",[16] e na posição depressiva são unificados, pois

13 Klein 1928, 1945.

14 Winnicott 1988, Parte II.

15 Greenberg & Mitchell 1983.

16 Klein 1952, pp. 71-72.

> *a ansiedade depressiva é intensificada (...) o bebê sente que destruiu ou está destruindo um objeto inteiro com sua voracidade e agressão incontroláveis (...) sente que esses impulsos destrutivos são dirigidos contra uma pessoa* amada.[17]

No artigo "O desenvolvimento de uma criança" (1921), Klein faz seu primeiro comentário sobre o complexo de Édipo. Ela apresenta sua leitura, claramente edípica, do caso de Fritz, menino descrito como filho de um casal de sua vizinhança.[18] A autora ainda afirma que, uma vez sanadas as dúvidas da criança sobre sexualidade, "o complexo de Édipo começou a ocupar o primeiro plano",[19] o que lhe permitiu fazer intervenções como: "a mamãe não pode ser sua mulher porque ela já é mulher do papai, e aí o papai ia ficar sem mulher".[20]

Em "Análise de crianças pequenas" (1923) e "Princípios psicológicos da análise de crianças pequenas" (1926), nota-se um início de afastamento da descrição clássica do complexo de Édipo, passando a autora a introduzir em seus escritos a ideia de que ele ocorria muito antes do que Freud postulara. Inicialmente, considerou que tal complexo já estaria presente por volta dos 2 ou 3 anos de idade,[21] deslocando-o depois para o início do segundo ano de vida.[22]

Argumenta, mais à frente, que o referido complexo já podia ser percebido no desmame, desencadeado pelas frustrações que dele surgiam e pelas que eram geradas no treinamento dos hábitos de

---

17 Klein 1952, p. 73.

18 Grosskurth, 1992, aponta que Fritz, na verdade, é o próprio filho de Klein, Erich.

19 Klein 1921, p. 57.

20 Klein 1921, p. 56.

21 Klein 1923.

22 Klein 1926.

higiene.[23] Por isso, Klein também propõe modificações ao conceito de superego, porque percebia que crianças muito pequenas já expressavam a existência de um superego muito mais cruel do que o dos adultos, em razão da fantasia de "punições como ser castrado, cortado em pedaços, devorado etc.",[24] derivada da destruição do objeto por suas pulsões sádico-orais e sádico-anais.

Finalmente, em 1928, Klein escreve "Estágios iniciais do conflito edipiano", no qual reitera que o início do complexo de Édipo se dá com a frustração gerada no desmame. Esse texto abre passagem para a consideração de que o complexo de Édipo tem seu início ainda em "fases pré-genitais do desenvolvimento",[25] quando o objeto ainda é parcial. A autora afirma, além disso, que o medo da castração e o sentimento de culpa relacionados à formação do superego aparecem desde o início do complexo. Essa afirmação a afasta mais uma vez de Freud, embora Klein tenha tentado se mostrar fiel a ele, pois o primeiro considerou tais elementos como produtos finais do complexo.[26]

A ansiedade inconsciente é um dos pontos mais importantes do pensamento de Klein.[27] Em 1928, tal conceito começa a ganhar destaque no pensamento da autora quando passa a considerar que, para meninos e meninas, o processo inicial das tendências edípicas provoca grandes quantidades de ansiedade, resultantes das fantasias de ataques contra o corpo da mãe, o que faz emergir uma *imago* de uma mãe hostil, que "desmembra e castra".[28] No caso do menino, a ansiedade de castração é derivada dessa primeira

---

23 Klein 1926, 1927a, 1927b.

24 Klein 1927a, p. 182.

25 Klein 1928, p. 217.

26 Freud 1931b.

27 Segal 1975.

28 Klein 1928, p. 220.

ansiedade, abrindo espaço para o "complexo de feminilidade",[29] relacionado aos desejos frustrados de possuir um órgão especial, gerador da vida, assim como o da mãe.

Esse desejo é, mais tarde, transformado em atitude de agressividade e desprezo em relação à figura feminina e seguido pela fantasia de "superioridade",[30] após a descoberta de seu pênis. Quanto à menina, a ansiedade está relacionada ao medo de ter seu interior atacado pela mãe ameaçadora; secundariamente, surge o medo de perder seu amor. A ansiedade, gerada pelo medo da menina de ter sua feminilidade devastada e do menino, de perder o pênis pela ação retaliadora do pai, "colabora para refrear os impulsos edipianos".[31] Claramente, Klein propõe a existência de processos mentais logo no início da vida, que têm como "principal objetivo (...) se apossar do conteúdo do corpo da mãe e (...) destruí-la com todas as armas ao alcance do sadismo".[32] Os ataques são, na verdade, direcionados ao pai e à mãe, já que, em sua fantasia, a vagina da mãe incorpora o pênis do pai, o que a autora nomeia *figura dos pais combinados*. A ansiedade desencadeada, segundo Klein, "põe em movimento os métodos de defesa mais arcaicos do ego",[33] ainda anteriores à capacidade do uso da *repressão* inconsciente como defesa. Esta tem de lidar com o sadismo do próprio sujeito e com a fantasia de retaliação por parte do objeto. Assim, o ego se defende por meio do mecanismo da "expulsão" do sadismo e da "destruição" do objeto.[34]

O ego da criança, ainda frágil, fica, portanto, submetido a impulsos sádicos e sexuais, os quais se opõem, e sujeito a um superego

29 Klein 1928, p. 219.
30 Klein 1928, p. 220.
31 Klein 1928, p. 224.
32 Klein 1930, p. 251.
33 Klein 1930, p. 252.
34 Klein 1930, p. 252.

extremamente cruel.[35] Nesse momento da obra de Klein, o entendimento é que "uma quantidade extraordinária de ódio"[36] advém do fato de o ego ser pouco desenvolvido e ser arrebatado por sentimentos tão fortes, somado à curiosidade sobre a vida sexual, em uma etapa em que a criança ainda não possui domínio do código linguístico; é o ódio a base do conflito edípico.

A ansiedade emergida nessa fase, conforme Klein, é responsável pelo início do *mecanismo de identificação*, e faz com que a criança "iguale os órgãos"[37] que desejou destruir (pênis, vagina, seio) a outros objetos do mundo que possam lhes ser equivalentes. Obviamente, os novos objetos escolhidos passam a ser suas novas fontes de perigo, uma vez que a ansiedade continua na base dessa relação, compelindo a criança a deslocar-se para outros objetos, e assim por diante. Essas "novas equiparações" feitas pela criança "formam a base do simbolismo e de seu interesse nos novos objetos".[38]

Para a autora, a saúde, isto é, o contato com a realidade tal qual ela é, depende da "capacidade do indivíduo de tolerar a pressão das primeiras situações de ansiedade, já em um período muito inicial".[39] No caso de Dick, paciente de 4 anos de idade (descrito como caso de psicose infantil), Klein acredita que o ego da criança, constitucionalmente muito fraco, lançou mão das defesas que inviabilizaram suas experiências de ansiedade. No entanto, também acredita que, mesmo mediante tamanha inibição egoica, tenha conseguido criar na análise situações que fizeram com que o menino fosse tomado pela ansiedade, o que permitiu que o trabalho pudesse ser realizado normalmente, tendo a criança retomado seu

35 Klein 1928.
36 Klein 1928, p. 218.
37 Klein 1930, p. 252.
38 Klein 1930, p. 253.
39 Klein 1930, p. 253.

desenvolvimento (por exemplo, colocou trens na frente do paciente e nomeou um como *Papai,* e o outro, como *Dick*, dizendo que Dick queria entrar na 'estação Mamãe' etc.).

Klein narra que, diante desse tipo de paciente, ela não foi capaz de esperar para fornecer a interpretação do material inconsciente até que ele tivesse sido comunicado em várias representações, visto que elas eram quase inexistentes: Klein sentiu que suas interpretações precisavam ser desenvolvidas a partir de seu "conhecimento geral".[40] O tratamento deu-se, portanto, a partir dessa via de acesso ao inconsciente e da apresentação, para o sujeito, da relação causadora de ansiedade.

Em 1940, no artigo "O luto e suas relações com os estados maníaco-depressivos", Klein termina sua exposição sobre a teoria da posição depressiva e passa a relacionar o conflito edípico ao medo da perda do objeto bom. Considerando-se suas reformulações teóricas – sobre o funcionamento mental ser baseado na interação entre amor e ódio, e mais a própria teoria das posições –, Klein viu a necessidade de reapresentar seu conceito de complexo de Édipo em 1945, no artigo "O complexo de Édipo à luz das ansiedades arcaicas". Nele, passa a relacionar diretamente o complexo à posição depressiva e propõe que o caminho natural da ansiedade, da culpa e dos sentimentos depressivos seja a necessidade de reparação dos objetos. O ódio não é mais encarado como o fator que dispara e fundamenta o conflito edípico. Para Klein, quando a ansiedade persecutória diminui, os sentimentos amorosos podem ocupar o primeiro plano, pois a criança é impelida "por sentimentos de amor e culpa a preservar"[41] o pai ou a mãe como figura interna e externa.

40 Klein 1930, p. 260.

41 Klein 1945, pp. 462-463.

Em "Inveja e gratidão" (1957), Klein enfatiza que "todo o desenvolvimento do complexo de Édipo é fortemente influenciado pela intensidade da inveja, a qual determina a força da figura dos pais combinados".[42] A fantasia da mãe contendo o pênis do pai, e do pai dentro do corpo da mãe "sempre obtendo gratificação sexual um do outro"[43] precisa dar lugar à percepção dessas figuras como separadas e ao relacionamento positivo com elas, o que só acontece se a "a inveja do objeto originário" (*idem*) não tiver sido excessiva. No ano seguinte, em "Sobre o desenvolvimento do funcionamento mental" (1958), Klein declarou-se, por fim, contrária a Freud: "o início do superego antecede de alguns meses o início do complexo de Édipo (...) no segundo trimestre do primeiro ano de vida, junto com o começo da posição depressiva",[44] e é formado pelas "primeiras introjeções do seio bom e do seio mau".[45]

Considerações de Winnicott sobre o complexo de Édipo

Para proporcionar ao leitor uma melhor interpretação acerca das relações teóricas entre os autores em questão, faz-se necessária a retomada da avaliação crítica de Winnicott às propostas de Klein, diferenciando o que ele avalia como contribuições positivas das que considera duvidosas ou que necessitam de revisão.

Como positivas, Winnicott destaca a descoberta das ansiedades primitivas, dos mecanismos de projeção e de introjeção, a proposição do uso da brincadeira como via de acesso ao inconsciente

42 Klein 1957, p. 229.
43 Klein 1957, p. 229.
44 Klein 1958, p. 273.
45 Klein 1958, p. 273.

da criança, bem como a descoberta da *posição depressiva*, considerada por ele a grande contribuição de Klein, porque implica a identificação dos mecanismos referentes ao processo de integração do ego, que engloba "aceitação da responsabilidade por toda a destrutividade que está ligada ao viver".[46]

Embora tenha equiparado o peso dessa descoberta kleiniana ao da descoberta freudiana do complexo de Édipo, Winnicott critica a expressão "posição depressiva", por julgar inapropriado o uso do nome de uma patologia para caracterizar uma etapa do desenvolvimento que considera tão saudável. O autor prefere a designação, não totalmente precisa, de "estágio da consideração".[47]

Como aspectos que necessitam de revisão, Winnicott elenca a compreensão kleiniana do sentimento de culpa e a capacidade de preocupar-se, que, para ele, devem ser entendidos não como aspectos inatos, mas, sim, como aquisições do processo de desenvolvimento.[48] Além disso, Winnicott critica o fato de Klein ter considerado "superficialmente"[49] o fator ambiental, o que teria causado em sua argumentação problemas de ordem fundamental, visto que há um período da vida do lactente em que é impossível descrevê-lo sem que se descreva também a mãe, de quem ele "ainda não se tornou capaz de se separar para se tornar um *self*".[50]

Sobre a teoria da posição esquizoparanoide, Winnicott considera que um ambiente suficientemente bom no início da vida pode transformar seus dois mecanismos básicos – o medo de retaliação e a cisão do objeto em *objeto bom* e *objeto mau* – em algo "relativamente sem importância até que a organização do ego tenha

46 Winnicott 1965va, p. 225.

47 Cf. Winnicott 1958b, p. 291; 1955c, p. 441; 1955d, p. 463.

48 Winnicott 1965va.

49 Winnicott 1965va, p. 225.

50 Winnicott 1965va, p. 227.

capacitado o bebê a usar mecanismos de introjeção e projeção para obter controle sobre os objetos".[51]

Como "contribuições duvidosas",[52] Winnicott cita a insistência de Klein em manter a teoria das pulsões de vida e de morte, bem como sua compreensão acerca da destrutividade do bebê, baseada na hereditariedade e na inveja. Ele também enfatiza sua crítica em relação à tendência da autora de "atribuir a aparição dos mecanismos mentais a períodos cada vez mais para precoces",[53] confundindo o que é "profundo" com o que é "precoce".

No desenvolvimento da teoria psicanalítica, há autores que fazem críticas a Klein similares às de Winnicott. Greenberg e Mitchell comentam três grandes ressalvas às contribuições de Klein: "adesão ao conceito do instinto de morte, a sua pressuposição de extensos conhecimentos e imagens constitucionais e a sua atribuição ao bebê de elaboradas capacidades cognitivas no nascimento, ou pouco antes".[54] Agregando o comentário geral de Greenberg e Mitchell aos de Winnicott, pode-se afirmar que a grande divergência deste em relação a Klein é a consideração de que ela teria projetado a vivência edípica para um momento em que a criança não tem maturidade para tal experiência relacional.

Enquanto Klein pressupõe que, no início do desenvolvimento, o bebê já pode estabelecer relações com objetos,[55] Winnicott argumenta que ele seria imaturo demais para essa capacidade cognitiva e afetiva.[56] Em outra ocasião, ele comenta a impossibilidade de o bebê sentir inveja, porque tal condição demandaria alto grau de

---

51 Winnicott 1965va, p. 226.

52 Winnicott 1965va, p. 228.

53 Winnicott 1965va, p. 226.

54 Greenberg & Mitchell 1983, p. 108.

55 Klein 1952.

56 Winnicott 1988.

desenvolvimento cognitivo e "sofisticação, isto é, um grau de organização do ego no sujeito que não se acha presente no início da vida",[57] como reconhecer um objeto, suas qualidades, reconhecer o 'eu' com outras qualidades.

No trabalho de Winnicott, deve ser, portanto, destacada sua preocupação com modos de relações de objetos mais primitivos do que os que podem ser reconhecidos nos relacionamentos interpessoais, quando o indivíduo já é uma pessoa inteira, que se relaciona com os outros como pessoas inteiras. Assim, já em 1945, Winnicott explicita sua posição de que alguém só vem a tornar-se uma pessoa passível de relacionar-se com outras pessoas a partir de determinado ponto de seu desenvolvimento e, principalmente, mediante os cuidados do ambiente, realizados de maneira satisfatória.[58] Para Winnicott, antes de haver a possibilidade do estabelecimento de relações de objeto e, consequentemente, a vivência do complexo de Édipo, uma série de etapas devem ser cumpridas no desenvolvimento emocional, que vão lhe permitindo, gradativamente, a conquista de recursos nessa direção.

Na teoria winnicottiana, o amadurecimento emocional é uma progressão que parte de um estado primeiro de *dependência absoluta*, momento inicial em que não há uma realidade *não self*,[59] que envolve a adaptação suficientemente boa da mãe às necessidades de seu bebê. Esse processo leva a um estado de *dependência relativa*, ou seja, de amadurecimento, no sentido de uma integração que diferencia o *Eu* do *Não Eu*[60] e cria condições para a *independência* quando o indivíduo, na saúde, chega a integrar-se como pessoa inteira.[61]

---

57 Winnicott 1959b, p. 53.

58 Winnicott 1945d.

59 Winnicott 1988.

60 Winnicott 1969i, 1970b, 1984h.

61 Winnicott 1965r.

É somente a partir dessas conquistas que a vida instintual descrita por Freud pode acontecer, e o complexo de Édipo, a fantasia erótica e o desejo pelo objeto podem aparecer. Todo o processo integrativo anterior permite ao indivíduo que integre também seus instintos como elementos advindos de seu próprio eu.[62]

Nessa direção, Winnicott propõe que somente a criança saudável, com desenvolvimento inicial favorável, é capaz de manifestar o sentimento de culpa de forma verdadeira, sem que seja imposta pelo externo, o que seria falso para o *self*.[63] O autor também rechaça o estabelecimento de tratamento para a psicose pela via edípica, visto que tal problemática tem origem em fases precoces, fruto de uma provisão ambiental falha ou inexistente.[64]

Todos esses aspectos da teoria winnicottiana são pontos fundamentais para a compreensão da recusa do autor com relação à proposta de Klein do Édipo precoce. Diz Winnicott: "Não posso ver nenhum valor na utilização do termo 'Complexo de Édipo' quando um ou mais de um dos três que formam o triângulo é um objeto parcial".[65]

No entanto, percebe-se que as diferenças entre Klein e Winnicott em relação ao complexo de Édipo não se restringem à recusa da noção de Édipo precoce. Trata-se também de uma redescrição winnicottiana do complexo em meninos e meninas, bem como de sua vinculação apenas à dinâmica neurótica. Salientam-se, aqui, quatro aspectos, sem que eles tenham, contudo, a pretensão de esgotar o assunto.

---

62 Winnicott 1988, 1989vl.

63 Winnicott 1955c.

64 Winnicott 1963c, 1965h, 1989xa.

65 Winnicott 1988, p. 67.

Em Winnicott, o complexo de castração no menino traz um elemento novo: a castração não é entendida apenas como angustiante, derivada de uma constante ameaça paterna como sanção aos desejos edípicos, mas é também vista como um alívio ante a imaturidade (sentimento de impotência) da criança para satisfazer, em sua fantasia, o desejo de união erótica com a mãe.[66]

O complexo de castração na menina é considerado como fase que será ultrapassada,[67] o que é diferente de Klein: ainda que essa autora discorde de Freud quanto à importância conferida por ele à descoberta da menina de que não possui um pênis, ela continua a conceber os processos de formação do feminino calcados pela ideia do *macho castrado*: para ela, a menina se dirige ao pai porque é tomada por ódio e frustração na relação com a mãe, primeiramente pelo desmame, e, depois, pela fantasia de que a mãe possui o pênis do pai.[68] Para Winnicott, faz mais sentido considerar que a mulher é sempre um trio: o bebê, a mulher-mãe e a mãe da mãe,[69] e que trava mais batalhas do que o menino, uma vez que se volta contra sua própria fonte de vida.

A gênese da psicose é afastada do complexo de Édipo e relacionada a falhas ambientais em etapas primitivas do desenvolvimento, quando não há ainda uma pessoa integrada;[70] a ação clínica para esses casos se afasta da interpretação do material edípico. Winnicott considera que, para as dinâmicas de personalidade não neuróticas, o trabalho tradicional não atinge resultado positivo, mas fenômenos da vida cotidiana como uma amizade ou um período

---

66 Winnicott 1988.

67 Winnicott 1986g.

68 Klein 1928.

69 Winnicott 1986g.

70 Winnicott 1955d, 1968a.

de cuidado durante uma doença física, têm para elas um "poder curativo".[71]

Considera-se a existência real dos pais, e não somente suas *imagos* introjetadas pela criança, no que diz respeito à importância do ambiente durante a vivência do Édipo. Nessa etapa, o ambiente não tem mais a função de estruturação da personalidade, mas pode, por meio de sua estabilidade, viabilizar à criança uma passagem tranquila pelo Édipo, sem construções excessivas de defesas.[72]

Pode-se dizer, portanto, que Winnicott deu novo valor e novo lugar ao complexo de Édipo: se, por um lado, ele destituiu a importância que lhe dera Klein, por outro, tornou mais precisa sua dinâmica.

Conclusões

A trama básica do complexo de Édipo, esboçada pelos autores, não diz respeito às mesmas dinâmicas psicoafetivas. A maior discordância entre os teóricos em foco certamente é a questão do momento em que se estabelece o complexo de Édipo e as condições envolvidas nesse processo: para Klein, ele se inicia na vida do bebê em fase pré-genital, e esse bebê é maduro emocionalmente, capaz de se relacionar com os objetos e de fantasiar sobre eles;[73] para Winnicott, a vivência do Édipo em termos de objetos parciais é impraticável: o bebê não é uma pessoa total e não pode se integrar sem o desenvolvimento anterior saudável. Este lhe possibilitará, depois, a integração dos instintos, as condições para discriminar

71 Winnicott 1955d, p. 466.

72 Winnicott 1989xi, 1986g, 1989xa.

73 Klein 1928, 1945.

objetos e vivenciar o Édipo.[74] Ainda sob a ótica desse autor, a separação entre "eu" e "não eu" e a possibilidade de "sentir que a vida é real" ou "digna de ser vivida"[75] são conquistas do desenvolvimento saudável.

Além disso, nota-se também que aspectos inerentes à dinâmica edípica são compreendidos de forma diferente por Klein e por Winnicott. É o caso da fantasia de castração masculina, vista por Klein como aterrorizante,[76] e por Winnicott, como um alívio para o sentimento de impotência.[77] A formação da identidade feminina também é divergente, pois, em Klein, a fantasia do macho castrado é a base do psiquismo feminino, e em Winnicott há o reconhecimento de outros aspectos como fundamentais para os processos psíquicos da mulher.

Com relação às diferentes dinâmicas de personalidade e sua ligação com o complexo de Édipo, igualmente se notam divergências bem precisas. Klein entende a psicose como um problema que também tem sua gênese na ansiedade gerada com as tendências edípicas.[78] Mas Winnicott assevera que o complexo de Édipo não se relaciona de maneira alguma com a dinâmica psicótica, uma vez que esta se origina em fases mais primitivas do desenvolvimento.[79]

A clínica winnicottiana dos estados não neuróticos, sejam eles psicóticos, depressivos, antissociais etc., pressupõe encaminhamentos que se afastam do *setting* tradicional, pois a conduta do analista está ligada muito mais ao manejo, ou seja, ao oferecimento

74 Winnicott 1965vc, 1970b.
75 Winnicott 1967b, p. 159.
76 Klein 1928.
77 Winnicott 1988.
78 Klein 1930.
79 Winnicott 1963c.

de condições (*holding, handling*) que permitam ao paciente o descongelamento das situações de fracasso ambiental.

No que concerne à neurose, ainda que o tratamento transcorra sobre as bases da análise e interpretação do material edípico, observam-se em Winnicott elementos novos, como as compreensões sobre a castração masculina, sobre os processos identificatórios femininos e a consideração da figura real dos pais e de seu modo de relacionar-se com a criança também durante o conflito edípico. Esses elementos podem apontar (transferido o cenário para a situação analítica) para uma postura do analista que envolva o oferecimento ao paciente de uma situação de confiabilidade e previsibilidade, em que este possa ser tolerado em suas deslealdades e seus ataques provenientes da dinâmica edípica. Tal tolerância poderia implicar, ainda, momentos nos quais a interpretação desses ataques não seria o elemento mais importante. O próprio Winnicott considera que, em muitas situações, é mais proveitoso "esperar"[80] pela evolução natural da confiança do paciente em relação ao analista do que preocupar-se com a "produção de interpretações" (idem). Embora ele não estivesse se referindo especificamente à dinâmica neurótica, acreditamos que sua descrição do complexo de Édipo também possa abarcar, de certa forma, esses aspectos clínicos.

O caminho percorrido até aqui possibilita explicitar a divergência radical entre os autores sobre o tema. Enquanto Klein tentou nitidamente aproveitar o material freudiano para explicar até mesmo os fenômenos da pré-genitalidade, Winnicott considerou que a chegada ao complexo de Édipo corresponde a um grande ganho em termos de saúde (ausência de psicose), mediante cuidados ambientais prévios satisfatórios.

80 Winnicott 1969i, p. 121.

A comparação teórica entre os autores leva esta pesquisa, invariavelmente, à comparação entre as clínicas de Winnicott e de Klein, tratando-se de uma tarefa árdua e vasta e que ultrapassa os objetivos aqui pretendidos. O intuito da argumentação foi tão somente o apontamento de novos direcionamentos de pesquisa que possam servir de orientação para ações efetivas junto aos que necessitam de ajuda profissional.

3. Atualidade de "O brincar como modelo do método de tratamento psicanalítico"

Para Winnicott a atividade de brincar constitui um aspecto universal da natureza humana, ainda que existam pessoas que possam estar profundamente doentes e não conquistem essa capacidade, precisando, então, de tratamento.[1] Ao caracterizar o que deriva da ação de brincar, Winnicott dirá:

> *(...) o brincar leva aos relacionamentos de grupo; brincar pode ser uma forma de comunicação na psicoterapia; e, por fim, a psicanálise foi desenvolvida como uma forma altamente especializada de brincar, em prol da comunicação consigo mesmo e com os outros.*[2]

Para ele, o tratamento psíquico, seja pelo método psicanalítico seja por outros métodos psicoterápicos, "se efetua na sobreposição de duas áreas do brincar, a do paciente e a do terapeuta";[3] mais ain-

1 Winnicott 1968i, pp. 74-75.

2 Winnicott 1968i, p. 74.

3 Winnicott 1968i, p. 69.

da, a psicanalítica seria uma forma de brincar: "Brincar é natural, enquanto a psicanálise é um fenômeno altamente especializado do século XX".[4]

A primeira questão que se coloca é a de saber o que Winnicott entende por *brincar* e como sua perspectiva se diferencia da enunciada por Melanie Klein. Para fazer esse esclarecimento, retomarei sinteticamente as características gerais do método de tratamento psicanalítico, como Freud o enunciou e Klein o ampliou, utilizando-me do instrumento conceitual elaborado por Thomas Kuhn, a noção de *paradigma*.[5] A partir de tal compreensão, poderei comentar como Melanie Klein compreende o brincar infantil e em que sentido elabora uma técnica do brincar como procedimento clínico, fazendo avançar o método de tratamento psicanalítico. Ao final, retomarei, então, as posições de Winnicott, para esclarecer por qual motivo o tratamento analítico corresponde a uma maneira de "brincar juntos", ou a uma maneira de levar o paciente "de um estado marcado pela incapacidade de brincar e trazê-lo para um estado em que consegue fazê-lo".[6]

Aspectos gerais dos modos de pensar clínico e teórico de Freud, Klein e Winnicott

Como modo de fornecer uma apreensão geral do modo de apreensão da própria vida psicoemocional do homem, vou retomar quais são os parâmetros fundamentais que caracterizam a psicanálise, como método de tratamento e como ciência, e, em seguida, colocar

4 Winnicott 1968i, p. 74.

5 Kuhn 1970, 2000. Cf. tb. Fulgencio 2020c, 2021c.

6 Winnicott 1968i, p. 74.

em evidência um quadro a partir do qual os problemas são enunciados, e suas soluções, encaminhadas.

Freud considera que a psicanálise foi edificada a partir do reconhecimento de alguns dados ou fenômenos fundamentais da vida psíquica, emocional, relacional do ser humano (seja na saúde, seja nas patologias): o reconhecimento de que existem processos psíquicos inconscientes que determinam os modos de ser no mundo do ser humano; a importância dada à sexualidade (em especial a sexualidade infantil) e o complexo de Édipo na determinação e organização da vida psíquica, bem como sua presença na base de todo sintoma psicoemocional; os fatos da transferência e da resistência, como surgindo quando aplicamos um tratamento psicoterápico pelo método psicanalítico. Este seria, por assim dizer, o *common ground* de todos os psicanalistas.[7]

De modo geral, ainda que imprecisa, dos modos como Freud, Klein e Winnicott entendem os problemas clínicos e teóricos da psicanlise, e como encaminham suas soluções, vou utilizar a noção de paradigma, assim como a estabeleceu um dos mais importantes epistemólogos da ciência do século XX, Thomas Kuhn.[8] Para ele, um paradigma corresponde a um conjunto de teorias, conceitos, modelos e valores compartilhados por um determinado grupo. Tal conjunto de crenças compartilhadas não só faz com que esses participantes se reconheçam como fazendo parte de uma mesma comunidade como também estabelece quais são os problemas pertinentes a uma determinada disciplina e quais tipos de solução são admissíveis e/ou procuráveis.

O uso do termo *paradigma* no estudo da psicanálise tem sido feito com maior ou menor referência a seu sentido conceitual dado

---

7 Cf. Fulgencio 2008g, 2020b, 2020c.

8 Kuhn 1970, 2000.

por Kuhn,[9] e não são pequenas a divergência e a diversidade na compreensão e utilização desse termo quando se trata do estudo ou pesquisa na psicanálise. Não significa, aqui, retomar esse tipo de diversidade, mas utilizar o instrumento construído por Kuhn, para analisar o método de tratamento psicanalítico, para Freud, Klein e Winnicott.

Para Kuhn, um paradigma corresponde a um conjunto de características que, juntas, definem a estrutura e o modo de funcionamento de uma determinada ciência. Ele, às vezes, também usa a expressão *matriz paradigmática*, querendo com isso dizer que os elementos que constituem um paradigma funcionam como os da função matemática denominada matriz, na qual as variáveis que a compõem determinam-se mutuamente, sem que haja propriamente uma hierarquia entre elas. Assim, todo paradigma é composto por: 1. um problema *exemplar*, que serve de referência e modelo para compreensão, formulação e solução de todos os problemas de uma determinada ciência; 2. uma *teoria geral guia*, aplicável a todos os problemas; 3. um *modelo ontológico*, ou seja, um conjunto de princípios e conceitos a *priori*, que são a parte metafísica do paradigma; 4. um *modelo heurístico*, composto por um conjunto de analogias, comparações, metáforas e modelos comumente aceitos, que auxiliam na pesquisa e na descoberta dos problemas e suas soluções, que esclarecem e orientam a pesquisa; e 5. um conjunto de *valores teóricos* ou *epistemológicos* (sobre a natureza e tipo de conhecimento a ser produzido) e um conjunto de *valores práticos* (referentes aos objetivos e modos como tal conhecimento deve ser procurado e produzido).

9 Cf. uma análise dos modos de uso da noção de paradigma na psicanálise, em meu "Incomensurabilidade entre paradigmas, revoluções e *common ground* no desenvolvimento da psicanálise" (Fulgencio, 2020b, 2021g).

O filósofo Zeljko Loparic (2001b e 2006) propôs contrapor o paradigma freudiano com o Winnicottiano, da seguinte maneira:

O *exemplar* na psicanálise de Freud e Klein é o do "andarilho na cama da mãe", claramente em um cenário edípico; enquanto, em Winnicott, temos como exemplar o "bebê no colo da mãe", marcado, então, por uma relação dual que só após longo processo de desenvolvimento (integração) chegará à relação a três corpos, conquistando a possibilidade de ter conflitos do tipo edípicos;

A *teoria geral guia* de Freud e Klein é a teoria do desenvolvimento da sexualidade; enquanto, em Winnicott, temos a sua teoria do desenvolvimento emocional, que engloba e redescreve a teoria do desenvolvimento da sexualidade.

O *modelo ontológico do ser humano*, na psicanálise de Freud e Klein, toma o psiquismo como um aparelho movido por forças (pulsões) e energias (libido), considerando que esse aparelho é como qualquer outro objeto da natureza, ou seja, regido por leis naturais; enquanto, em Winnicott, além do abandono da teorização metapsicológica, temos outro tipo de ontologia que pensa o ser humano como algo que não pode ser redutível a um objeto natural determinado por leis naturais, mas é impulsionado pela necessidade de ser e por uma tendência inata à integração.

O *modelo heurístico* de Freud e Klein usa de metáforas e analogias com sistemas que funcionam como máquinas, tendo como metodologia de pesquisa e cura a interpretação dos conteúdos inconscientes na relação transferencial com o analista; enquanto, na psicanálise winnicottiana, tais analogia e metáfora são abandonadas, e sua metodologia clínica é centrada não tanto na interpretação, mas em um determinado tipo de relação, encontro e comunicação entre o paciente e o analista (modelo que vou tomar como objeto de estudo deste capítulo).

No que se refere aos valores, Loparic considera que a psicanálise para Freud e Klein é concebida como ciência natural cujo objetivo, *grosso modo*, é a eliminação do sofrimento decorrente dos conflitos internos pulsionais do tipo libidinal; enquanto, em Winnicott, a psicanálise é tomada como uma ciência específica que procura estudar objetivamente a natureza humana, que difere do quadro estrito de uma ciência natural, além de não tomar a eliminação do sofrimento como o objetivo do tratamento, mas, sim, a conquista de um si mesmo que pode considerar a vida como algo que vale a pena viver porque lhe diz respeito.

Dentre os diversos psicanalistas que usam a noção de paradigma para compreender a estrutura e o desenvolvimento da psicanálise como uma ciência e uma prática, há divergências na compreensão do que é o paradigma freudiano, kleiniano, winnicottiano etc. Nem todos estão de acordo em afirmar que os paradigmas freudiano e kleiniano têm no complexo de Édipo seu *exemplar*; preferindo, estes, considerar que são as formações do inconsciente e suas dinâmicas – como os sonhos, atos falhos, sintomas, a própria organização psíquica – o fenômeno que deveria ser considerado, então, no quadro do pensamento de Kuhn, o *exemplar*. Ainda nessa direção, há divergências em relação à leitura de Loparic, considerando que a *teoria geral guia* de Freud e Klein não é a *teoria do desenvolvimento da sexualidade*, mas, a *teoria da defesa contra as angústias*. Tais divergências na leitura do que seriam os paradigmas de Freud, Klein, Winnicott, Lacan etc. apresentam, pois, modos distintos de ler, descrever e valorizar o tipo de transformação feito pelos pós-freudianos na psicanálise.[10]

Mesmo assim, independentemente dessa controvérsia (sobre o tipo de transformação que as contribuições de Winnicott fizeram na psicanálise), pode-se dizer que o modelo psicanalítico de Freud

10 Cf. Fulgencio 2020c.

e Klein visa à análise dos conteúdos inconscientes, por intermédio da interpretação das "relações de objeto", associadas ou não diretamente à relação transferencial (pensadas, via de regra, em referência à sexualidade, referida ao complexo de Édipo, ou ainda, às relações mais primitivas com a mãe, mas no quadro da administração da vida instintual). O objetivo do tratamento é, entendendo a vida psíquica inconsciente e suas dinâmicas, reorganizar os modos com que o paciente se relaciona consigo, com sua história e com o outro, para modos de organização que visam a diminuir o sofrimento causado pelo conflito interno inconsciente, fortalecendo o ego, para que este possa dar uma outra solução para o conflito que, na doença, restringe o poder do paciente de agir e aproveitar da existência.

Aspectos gerais do brincar para Melanie Klein

Não me parece haver dúvidas de que Melanie Klein é freudiana, que ela reitera as principais características do pensamento de Freud, em especial a consideração da sexualidade e do lugar do complexo de Édipo como estruturantes do psiquismo; ampliando a teoria e a prática da psicanálise, com ela, então, também aplicável ao tratamento de crianças e pacientes psicóticos. A sua teoria do brincar ocupa um lugar fundamental como meio pelo qual o método psicanalítico ampliou seu poder de resolução de problemas clínicos. Pode-se afirmar que a sua concepção sobre o brincar corresponde a uma radicalização do modelo heurístico freudiano. Hinshelwood, ao analisar a técnica e a teoria do brincar em Melanie Klein, dirá:

> *A abordagem de Klein à análise de crianças muito pequenas era simples e inovadora: a liberdade de brincar*

> *podia substituir as associações livres, e as fantasias expressas no brinquedo eram "a mesma linguagem, o mesmo arcaico e filogeneticamente adquirido modo de expressão com que estamos familiarizados nos sonhos".*[11, 12]

O importante para Melanie Klein era o fato de que a brincadeira era um modo de a criança expressar o seu mundo interno ou, em outros termos, a brincadeira era uma maneira pela qual as fantasias inconscientes infantis eram expressas. Então, a interpretação da brincadeira correspondia, nada menos, do que à interpretação dos conteúdos das fantasias inconscientes que a brincadeira tornava possível apreender a partir do seu simbolismo.[13]

Klein descobriu que esse tipo de interpretação tinha o poder de modificar a ansiedade infantil associada à fantasia inconsciente. A interpretação, reveladora da fantasia inconsciente, tinha o poder de fazer com que a criança diminuísse, por assim dizer, seu grau de fixação a tal fantasia inconsciente e aos objetos (pessoas) a ela associada. Klein mostra (ao falar de um caso clínico, explicitando como chegou ao desenvolvimento da sua perspectiva de tratamento analítico para crianças) sua maneira de trabalhar:

> *Desta vez, arrisquei-me e disse a Ruth que as bolas dentro do copo, as moedas dentro do moedeiro e os conteúdos da bolsa, tudo isso significava crianças dentro da mãe e o desejo de mantê-las trancadas com toda a segurança para que não viesse a ter mais nenhum irmão. O efeito de minha interpretação foi assombroso. Pela*

11 Klein, citada por Hinshelwood (Klein, The psychological principles of early analysis. In *The Writings of Melanie Klein*. Vol. 1. London: Hogardp. p. 134).

12 Hinshelwood 1992, pp. 26-27.

13 Hinshelwood 1992, p. 27.

> *primeira vez, Ruth voltou sua atenção para mim e começou a brincar de maneira diferente, menos tolhida.*[14]

O exemplo da técnica psicanalítica kleiniana do brincar, como modelo do seu método clínico, pode ser também reconhecido no tratamento do caso Dick.[15] Klein toma claramente a brincadeira de Dick com trens e túneis como uma encenação das suas fantasias sexuais inconscientes dirigidas à mãe e ao triângulo edípico. Ao interpretar esses conteúdos, Klein considera que Dick pode substituir determinados objetos por outros, desviando-se de objetos que lhe causavam grande angústia, para outros, produzindo uma equação (igualdade) simbólica entre eles e levando Dick a expandir seu mundo de relações, o que produzia uma diminuição das ansiedades e tornava possível a simbolização e a retomada de seu desenvolvimento psicossexual.[16]

Certamente, há uma complexidade na maneira como isso é feito, bem como em saber de que maneira essa descoberta acaba por alterar a própria técnica de tratamento de pacientes adultos, mas, aqui não se trata de explicitar tais dinâmicas e modos de uso do brincar no tratamento psicanalítico kleiniano, mas tão somente de fazer uma caracterização geral do brincar, mostrando como que esse brincar é importante para Klein, pois expressa os conteúdos das fantasias infantis, fantasias essas relacionadas aos conflitos associados à administração da vida instintual (ou sexual), remetida à relação inicial com a mãe e, um pouco mais tarde, mas em um momento bem precoce, ao romance edípico.

---

14 Klein 1926, pp. 46-47.

15 Klein 1930.

16 Klein 1930, p. 259.

Winnicott e o brincar como metodologia clínica

Winnicott está ciente de que sua maneira de conceber o brincar não está baseada na consideração deste unicamente como uma maneira de expressar (sublimar) as pressões instintuais.[17] Ele está procurando chamar a atenção para uma outra dimensão que não a que se ocupa com a análise dos conteúdos da brincadeira, mas com o próprio fato ou a possibilidade de fazer essa ação. Marcando sua perspectiva, ele diz:

> *É natural nos voltarmos para a obra de Melanie Klein (1932), mas destaco que, ao tratar da brincadeira, Klein se debruça quase exclusivamente sobre os usos desta. O terapeuta busca se comunicar com a criança e sabe que ela, de modo geral, não domina a linguagem necessária para representar as infinitas sutilezas encontradas na brincadeira por aqueles que sabem procurar. Não se trata de uma crítica a Melanie Klein ou a outros autores que descreveram o uso da brincadeira na psicanálise de crianças. Trata-se simplesmente de um comentário sobre a possibilidade de que, na busca por uma teoria total da personalidade, o psicanalista estivesse preocupado demais com o conteúdo da brincadeira, deixando de observar a criança que brinca e de escrever sobre o brincar como algo em si mesmo. É óbvio que faço uma distinção importante entre os sentidos de 'brincadeira", como substantivo, e de "o brincar", como verbo substantivado.*[18]

17 Cf. Winnicott 1968i, pp. 70-71.
18 Winnicott 1968i, pp. 71-72.

Longe de ser um simples comentário, ele coloca o brincar como um aspecto universal da natureza humana,[19] ainda que nem todos estejam em posse dessa possibilidade. Para ele esse brincar é, em si mesmo, psicoterápico,[20] não propriamente por causa dos elementos simbólicos que veicula ou expressa, mas pelo que realiza: "É no brincar, e apenas no brincar, que a criança ou adulto consegue ser criativo e utilizar toda a sua personalidade [...]".

Winnicott apresenta a sua compreensão do brincar como um desenvolvimento do que ocorre nos fenômenos transicionais. Para ele, o período da transicionalidade pode ser considerado como o momento em que a criança começa a separar-se da mãe (separação esta que já vem se fazendo com o processo do desmame), a poder substituir a mãe por alguma outra coisa. No entanto, há condições para que isso possa ocorrer: nas fases anteriores a esse momento, foi necessário que o ambiente tivesse se adaptado às necessidades do bebê, de maneira tal que este adquira uma confiança em si mesmo e no mundo.[21] Diz Winnicott sobre o que precede a transicionalidade e sustenta-a:

19 Winnicott 1968i, pp. 87-88.

20 Winnicott 1968i, pp. 92-93.

21 Deveríamos, nesse ponto, fazer uma exposição mais longa do que ocorre desde o nascimento, explicitando a fase inicial do desenvolvimento emocional, denominada por Winnicott como a fase da *primeira mamada teórica*, na qual, do ponto de vista do bebê, o mundo que atende às suas necessidades surge como que derivado das suas próprias, dando a este uma *ilusão de onipotência* e constituindo uma realidade denominável *subjetiva*, ainda que, do ponto de vista do observador, esse mundo seja dado ao bebê pelo ambiente que o compreende dentro de limites adequados à suas tolerâncias. Em seguida a essa fase, começam a ocorrer desadaptações, iniciando homeopaticamente (na saúde) o que Winnicott denomina de *desmame*. A fase da *transicionalidade* vem logo em seguida, sustentada pelas conquistas então realizadas. Para um estudo mais detalhado dessas fases, consulte Fulgencio 2020c.

> *A mãe se adapta às necessidades do bebê e da criança que gradualmente se desenvolve em termos de temperamento e de personalidade, e essa adaptabilidade revela a medida da constância materna. O bebê vivencia essa constância ao longo do tempo, permitindo que a criança sinta segurança enquanto cresce. A segurança que o bebê percebe na constância da mãe e, assim, na de outras pessoas e coisas possibilita a separação entre o eu e o "não eu". Entretanto, também é possível dizer que essa separação é evitada quando o espaço potencial é preenchido pelo brincar criativo, pelo uso de símbolos e por tudo o que, por fim, compõe a vida cultural.*[22]

O objeto transicional é usado como se fosse a mãe; ele guarda a relação de familiaridade que o bebê tem com ela, fazendo as vezes dela, desde que esta permaneça sendo, efetivamente, uma presença para a criança. Essa presença pode ser tanto física quanto afetiva. Se a mãe não está presente, física ou afetivamente, a criança ainda pode mantê-la presente para si mesma desde que a mãe não se ausente, física ou emocionalmente, por um período x de tempo – variável de acordo com cada criança; no entanto, ultrapassado este delta t de tempo, para a criança, a mãe morreu ou desapareceu. O objeto transicional é símbolo da mãe, substitui a mãe, mas em um sentido específico, no qual o faz na presença da mãe.[23] No entanto, se a mãe desaparece por um tempo maior do que o suportável para o bebê mantê-la viva ou presente, então, a importância do objeto transicional é deflacionada até que ele deixa de ser a mãe criada/encontrada/materializada-em um-objeto, passando a ser algo externo e sem valor para a criança. Ou, então, em um sentido oposto,

22 Winnicott 1971q, p. 175.

23 Cf. Winnicott 1953c [1971], pp. 20-21.

mas patológico, em uma tentativa de negar a morte da mãe, esse objeto transforma-se em um *objeto fetiche*,[24] ou um objeto que visa a substituir essa mãe que não está mais lá (do ponto de vista do bebê, a mãe morreu), supervalorizando o objeto como a mãe, ou melhor, na tentativa de reencontrar a mãe desaparecida.

Os objetos transicionais, ao mesmo tempo, unem e separam aquilo que é subjetivo daquilo que é objetivamente percebido.[25] Mas o fazem de que forma? Por um lado, a criança *cria* o objeto, ou seja, é sua ação espontânea que dá valor e vida ao objeto; e por outro, a criança *encontra* o objeto que já preexiste no mundo exterior. Isso configura a situação paradoxal, caracterizada por Winnicott, como algo que deve ser aceito e não resolvido.[26]

O que importa não é tanto o objeto, mas a maneira como a criança se relaciona com o mundo, passando de um estado em que não há distinção entre ela e o mundo para um estado em que ela se relaciona com um mundo que já não é meramente uma projeção dela. Diz Winnicott: "Naturalmente, o objeto em si não é transicional. O objeto representa a transição do bebê de um estado de fusão com a mãe para um estado de relação com a mãe como um ser externo e separado".[27]

É nesse ponto que surge a capacidade do brincar, o que também é, para Winnicott, uma maneira de o ser humano poder encontrar a si mesmo: "É no brincar, e apenas no brincar, que a criança ou adulto conseguem ser criativos e utilizar toda a sua personalidade, e somente sendo criativo o indivíduo pode descobrir o *self*".[28]

---

24 A diferença entre objeto fetiche e objeto transicional está analisada na primeira edição deste artigo de Winnicott 1953c [1958], pp. 330-331.

25 Winnicott 1953c [1971], p. 15.

26 Cf. Winnicott 1953c [1971], pp. 29-30.

27 Winnicott 1953c [1971], p. 35.

28 Winnicott 1971r, pp. 92-93.

No entanto, tal capacidade ou possibilidade não é uma conquista definitiva, mas sempre instável, sempre dependente das condições pessoais e ambientais:

> *Essa é a precariedade da própria magia, a magia advinda da intimidade, de um relacionamento que mostra ser confiável. Para ser confiável, o relacionamento deve ser motivado pelo amor materno, pelo amor-ódio nutrido pela mãe ou pela relação de objeto, e não pelas formações reativas.*[29]

Nos casos em que uma pessoa está doente e não conquistou ou perdeu essa capacidade e procura tratamento, caberá ao analista ou terapeuta trabalhar no sentido dessa conquista, dando as condições ambientais para que o paciente chegue a ela: quando um paciente é incapaz de brincar, o terapeuta deve se concentrar nesse sintoma principal, antes de interpretar fragmentos do comportamento".[30] Não se trata, no entanto, de instalar a brincadeira, como algo advindo do analista, mas de criar as condições ambientais de adaptação e comunicação que possam, então, levar o paciente a poder brincar.

É de vital importância a expressão *ação espontânea* ou *gesto criativo* para caracterizar o tipo de relação que está em jogo, pois o objeto transicional jamais pode ser dado à criança, é ela que o cria, ainda que o ambiente possa sustentar e dar as condições para que essa criação-encontro ocorra. No gesto criativo – antes, na e depois da fase da transicionalidade –, a criança encontra a si mesma, ou melhor, o gesto é ação deste si mesmo. Trata-se de um gesto que gera o seu próprio autor e, ao mesmo tempo, o objeto com o qual

29 Winnicott 1968i, p. 83.

30 Winnicott 1968i, p. 83.

este si mesmo se relaciona. Como o geômetra, que em um único traço, gera o côncavo e o convexo, esse gesto criativo gera o si mesmo e o objeto com o qual se relaciona.[31]

Esse brincar ao qual Winnicott está se referindo não diz respeito apenas à criança, mas está presente na vida dos adultos de outras maneiras que não são tão evidentes como as que encontramos na criança. Diz Winnicott:

> *Suponho que devemos encontrar a brincadeira de modo tão evidente na análise de adultos assim como em nosso trabalho com crianças. Ela se manifesta, por exemplo, na escolha de palavras, no tom de voz e, é claro, no senso de humor.*[32]

O brincar e a brincadeira do adulto dizem respeito a uma determinada relação com o mundo, com o seu trabalho, com as pessoas com quem convive, com suas atividades etc. Ela corresponde à possibilidade de habitar uma área intermediária na qual há uma união e separação do mundo subjetivo e do objetivamente dado, o que certamente não ocorre o tempo todo. É a essa área que Winnicott se refere como *o lugar em que vivemos*, a área da experiência na qual o brincar se realiza e que mais tarde compreenderá o

31 Certamente, isso ocorre já no início, quando o seio encontrado (oferecido pela mãe) é, do ponto de vista do bebê, uma criação sua, advindo magicamente de sua necessidade. Nesse momento, tal objeto, assim concebido, corresponde ao que Winnicott caracterizará como os objetos subjetivos, constituindo, pois, uma realidade subjetiva. Com o desenvolvimento, a fase da transicionalidade acrescenta a esse fenômeno o fato de que esse objeto criado também é efetivamente encontrado pela criança, não sendo mais apenas um objeto subjetivo, mas correspondendo também a algo da realidade externa, sem ser, ainda, um objeto que tem as características dos objetos objetivamente percebidos.

32 Winnicott 1968i, p. 72.

espaço da arte, da religião, do trabalho, e da vida social em geral: "Para mim, o brincar leva naturalmente à experiência cultural, constituindo seu alicerce".[33]

Certamente, o habitar ou ocupar tal "lugar" depende do quanto uma comunicação e um partilhar conjunto podem ser efetuados. É por isso que Winnicott diz, referindo-se às psicoterapias (no sentido amplo do termo, no qual podemos incluir a psicanálise) que o trabalho analítico se passa muito mais nesta área compartilhada do que em uma atitude na qual o terapeuta ou analista apenas espelharia o que estaria presente no mundo interno do paciente, mostrando, pela interpretação, quais os conteúdos e conflitos apresentados pela brincadeira, pelas associações livres e todos os outros tipos de expressão:

> *A psicoterapia ocorre na interseção entre duas áreas do brincar: a do paciente e a do terapeuta. Tem a ver com duas pessoas brincando juntas. O corolário disso é que, quando essa brincadeira é impossível, o trabalho do terapeuta consiste em retirar o paciente de um estado marcado pela incapacidade de brincar e trazê-lo para um estado em que consegue fazê-lo.*[34]

O objetivo do brincar, em essência, não é o riso ou o prazer, isso é secundário em relação à necessidade de ser e continuar sendo, que se realiza pelo gesto espontâneo próprio ao brincar:

> *Para mim, é fundamental destacar que o brincar é uma experiência, uma experiência sempre criativa, uma*

33 Winnicott 1971q, p. 170.

34 Winnicott 1968i, p. 69.

> *experiência no continuum espaço-tempo, uma forma básica de viver.*[35]

Ao caracterizar, com uma analogia, o que significa essa forma básica de viver ou, em outros termos, o que significa *ser* e *continuidade de ser*, Winnicott diz:

> *A continuidade do ser significa saúde. Se tomarmos como analogia uma bolha, podemos dizer que quando a pressão externa está adaptada à pressão interna, a bolha pode seguir existindo. Se estivéssemos falando de um bebê humano, diríamos "sendo". Se por outro lado, a pressão no exterior da bolha for maior ou menor do que aquela em seu interior, a bolha passará a reagir à intrusão. Ela se modifica como reação a uma mudança no ambiente, e não a partir de um impulso próprio. Em termos do animal humano, isto significa uma interrupção no ser, e o lugar do ser é substituído pela reação à intrusão.*[36]

A comunicação que se estabelece no cenário terapêutico diz respeito às condições ambientais para que o paciente possa fazer esse tipo de brincadeira ou de *comunicação em um nível profundo*[37] com o analista, comunicação que tem o modelo do "brincar juntos", da confiabilidade e do compartilhar suas referências.

Um analista que faz da análise a mera aplicação de uma técnica simplesmente impossibilita o contato e a intimidade na área da experiência compartilhada. Winnicott, nesse sentido, chega mesmo

35 Winnicott 1968i, p. 88.

36 Winnicott 1988, p. 127.

37 Cf. Winnicott 1971b, p. 15.

a dirigir um apelo aos terapeutas, na sua apresentação do brincar como uma necessidade na psicoterapia:

> *Minha descrição representa um apelo para que todos os terapeutas permitam que o paciente desenvolva a capacidade de brincar, ou seja, de ser criativo no trabalho analítico. A criatividade do paciente pode ser roubada com muita facilidade por um terapeuta que sabe demais.*[38]

Até mesmo a questão da interpretação dos conteúdos inconscientes, parte fundamental do método psicanalítico, só poderá ter sentido se executada nessa área da comunicação e do brincar mútuos. Fora disso, ainda que possa ser correta no seu conteúdo, ela seria inútil e até mesmo nociva, porque invasiva. Diz Winnicott:

> *A interpretação feita sem que o material esteja maduro é doutrinação e produz submissão.*[39] *O corolário disso é que a resistência surge da interpretação feita fora da área de sobreposição do brincar em comum do paciente e do analisa. Quando o paciente não tem capacidade de brincar, a interpretação simplesmente não tem utilidade ou causa confusão. Quando existe um brincar mútuo, a interpretação feita de acordo com os princípios psicanalíticos estabelecidos dá continuidade ao trabalho psicoterapêutico. Para que a psicoterapia possa acontecer, esse brincar deve ser espontâneo, não submisso e condescendente.*[40]

---

38 Winnicott 1971r, p. 97.

39 Winnicott 1965m.

40 Winnicott 1968i, pp. 75-76.

O modelo do tratamento psicanalítico, para Winnicott, só corresponde à revelação e à interpretação das fantasias inconscientes na transferência, quando a possibilidade da comunicação e do brincar foi estabelecida ou restabelecida.

Se, por um lado, afirma-se que o brincar jamais pode ser uma atividade técnica, mecânica, por outro, esse brincar está sendo concebido teoricamente no quadro da matriz paradigmática winnicottiana, o que implica dizer que esse sentido específico do verbo brincar deve ser entendido na sua relação e interdependência necessária com os outros aspectos já citados dessa matriz.

O brincar, como modelo para a prática analítica, é concebido em função do encontro com o si mesmo, da comunicação e da interseção entre a realidade subjetiva e a objetivamente percebida, encontro que contribui para o desenvolvimento emocional, uma vez que corresponde a um tipo de integração da pessoa. Esse conjunto de acontecimentos vividos e repetidos na situação analítica permite que o paciente possa tomar a vida como algo que lhe diz respeito, já que tal encontro se dá na área em que ele cria o mundo em que vive, ao mesmo tempo que se adapta ao mundo objetivamente dado, sem perda significativa da sua espontaneidade. Diz Winnicott:

> *Mais do que qualquer outra coisa, e a apercepção criativa* [creative apperception] *que faz o individuo sentir que vale a pena viver. Em contraste direto com essa forma de lidar com a realidade externa esta um relacionamento de submissão que reconhece o mundo e seus detalhes, mas apenas como algo a que se deve adequar ou que exige adaptação. A submissão traz ao indivíduo um sentimento de futilidade associado a ideia de que nada importa e de que a vida não e digna de ser vivida. Cruelmente, muitos indivíduos experimentam apenas*

> *o suficiente da vida criativa para reconhecer que, na maior parte do tempo, vivem de maneira não criativa, como se estivessem presos na criatividade de outra pessoa ou de uma máquina.*[41]

O importante, na caracterização da saúde, diz Winnicott, não é propriamente o fato de se sofrer mais ou menos, mas de ter uma vida e um mundo reconhecidos como próprios:

> *A vida de um indivíduo são se caracteriza mais por medos, sentimentos conflitantes, dúvidas, frustrações do que por seus aspectos positivos. O essencial é que o homem ou a mulher se sintam vivendo sua própria vida, responsabilizando-se por suas ações ou inações, sentindo-se capazes de atribuírem a si o mérito de um sucesso ou a responsabilidade de um fracasso. Pode-se dizer, em suma, que o indivíduo saiu da dependência para entrar na independência ou autonomia.*[42]

Winnicott tem em mente, como objetivo do tratamento, a possibilidade do desenvolvimento emocional em direção ao compartilhar da realidade objetiva com outras pessoas. Diz ele, sobre o que significa maturidade ou saúde:

---

41 Winnicott 1971g, p. 108. O termo *apperception* tem o sentido de "ação pela qual a mente amplia, intensifica ou plenifica a consciência de seus próprios estados internos e representações [...] apreensão direta, imediata, não reflexiva de um objeto físico ou mental" (Houaiss), logo se refere a uma atividade (consciente ou não) na qual há o self percebe a si mesmo na suas ações criativas e/ou espontâneas.

42 Winnicott 1971f, p. 29.

> *Digamos que na saúde, que é quase sinônimo de maturidade, o adulto é capaz de se identificar com a sociedade sem sacrificar demais a sua espontaneidade pessoal; ou, dito de outro modo, o adulto é capaz de satisfazer suas necessidades pessoais sem ser antissocial, e, na verdade, sem falhar em assumir alguma responsabilidade pela manutenção ou pela modificação da sociedade em que se encontra.*[43]

Para que isso ocorra no processo analítico, o analista precisará ter diversos tipos de presença e de comunicação com o paciente, mas sempre a partir de uma presença efetiva e não propriamente técnica, até que o espaço da brincadeira, nesse sentido preciso que estamos analisando, possa ocorrer e proporcionar o desenvolvimento emocional em direção a outros relacionamentos interpessoais em espaços sociais cada vez mais amplos.

Para finalizar, cabe, ainda, enfatizar que esse critério e *telos* do tratamento psicanalítico do ponto de vista de Winnicott não torna necessariamente a vida menos difícil e, talvez, não diminua o sofrimento – não sendo, pois, esse o objetivo do tratamento analítico para Winnicott –, mas pode fazer com que o paciente, ao ter a experiência de criar-encontrar um lugar para viver, de comunicar-se em nível profundo com alguém que partilha dessa experiência, possa sentir que a vida que ele vive é real, própria e, por isso mesmo, vale a pena ser vivida.

Freud considerou a teoria dos sonhos como um dos xiboletes da psicanálise, sendo que ela expressa o modelo do funcionamento da vida psíquica consciente-inconsciente: os atos psíquicos (atos falhos, sonhos, sintomas), além de todos os outros (como pensar,

---

43 Winnicott 1965r, p. 80.

imaginar, criar, sofrer, adoecer, gozar etc.), podem, todos ser considerados como pensados a partir do modelo dos sonhos, que, por sua vez, consideram o brincar com um modo de expressão (mais ou menos simbólica da vida psíquica). Quando Winnicott descreve a dinâmica do brincar, ele o coloca em outro modelo, valorizando a ação de brincar (sem desconsiderar seu valor expressivo, mas apontando para um aspecto do brincar que não se reduz à sua função expressiva): brincar leva a si mesmo, ao outro e ao mundo. O brincar como modelo do funcionamento psíquico poderia, então, nessa perspectiva, ser considerado como tendo a mesma importância epistemológica e metodológica da teoria dos sonhos, fazendo, assim, uma mudança significativa no modelo clínico e teórico da prática e do pensamento psicanalítico.

4. Winnicott e Ferenczi: plano para estudo das proximidades e distâncias destacadas pela literatura secundária

Não há dúvida de que tanto Ferenczi como Winnicott apresentaram caminhos para o desenvolvimento do método de tratamento psicanalítico, especialmente no que diz respeito ao tratamento de patologias mais graves e na sua correspondente referência e descrição das fases mais primitivas do desenvolvimento infantil. A semântica teórico-clínica de Ferenczi e a de Winnicott têm zonas compartilhadas, especialmente no que se refere aos conceitos freudianos clássicos (como inconsciente, sexualidade, complexo de Édipo, transferência, resistência etc.) – ainda que possam ter sentidos e referentes específicos em cada autor, não redutíveis um a outro –, bem como um conjunto de propostas específicas típicas de cada um deles. Sabemos que a síntese entre sistemas semântico-teóricos, compondo um único, é impossível, bem como é impossível uma síntese entre as línguas visando à constituição de uma só língua, um só sistema semântico harmonizado.[1] Trata-se, pois, de saber, em uma análise sobre a história das ideias e o próprio desenvolvimento da psicanálise, como método de tratamento e

1 Cf. Fulgencio 2020b, 2021g.

como ciência, quais são as relações, proximidades, semelhanças e diferenças entre as propostas de Ferenczi e de Winnicott. Alguns consideram a obra de Winnicott como estando em consonância e sendo até mesmo um desenvolvimento da obra ou do *estilo* de Ferenczi,[2] como dizem Lesley Caldwell & Angela Joyce, afirmando que "os vínculos históricos com Sándor Ferenczi são impressionantes, mas quase totalmente sem referência";[3] ainda que não exista uma referência direta, feita por Winnicott a Ferenczi, nesse sentido que marque uma filiação ou herança significativas. Outros consideram que a proposta de Winnicott representa uma ruptura *paradigmática*, no sentido que Thomas Kuhn[4] dá ao termo, na história do desenvolvimento da psicanálise.[5]

Há uma ressalva epistemológica importante a ser considerada, no que diz respeito a uma ética da terminologia (estabelecendo-se os mesmos termos para os mesmos referentes, e vice-versa), que recomenda, pois, prudência no estudo comparativo de sistemas teóricos díspares na psicanálise, por vezes, até mesmo de-

---

2 Por exemplo, Figueiredo 2002; Green 2005a, 2005b.

3 Caldwell & Joyce 2011b, p. 6. Ou ainda, de maneira mais precisa, diz Angela Joyce: "Embora Winnicott não faça referência a Ferenczi, os laços com suas ideias são impressionantes (Caldwell & Joyce 2011; Tonnesmann 2002). O interesse de Ferenczi no que ele chama de fase de "alucinação mágica", e sua ênfase nas adaptações da mãe às necessidades do bebê para manter a onipotência (Ferenczi 1913) fazem eco (nas propostas de Winnicott). É dentro dessa tradição das teorias psicanalíticas que a compreensão de Winnicott sobre o desenvolvimento como decorrente da relação entre dois corpos (que mais tarde levar em conta um terceiro [pai] e muito mais) precisa ser estabelecida". (Joyce 2017, p. 5)

4 Thomas Kuhn (1970), ao analisar como ocorre o desenvolvimento das ciências, mostra que cada paradigma científico (às vezes, paradigmas diversos em um mesmo campo da ciência) constitui, propriamente dizendo, realidades díspares, e não apenas modos diferentes de se ver a mesma realidade. Cf. Fulgencio 2020b, 2021c.

5 Loparic 2001b; Abram 2012b.

saconselhando-se esse tipo de estudo (avaliando-se como muito magras as contribuições desse tipo de estudo, dado que haveria incomensurabilidades entre esses sistemas, que constituiriam semânticas e referentes díspares não comparáveis). No entanto, isso não significa que cada sistema deva ser tratado como uma mônada (sem portas e sem janelas), mas, sim, que devemos estabelecer um diálogo (procurando explicitar os fenômenos) que cada sistema descreve e teoriza, tornado possível seus desenvolvimentos. Analisei esse problema epistemológico, abordando o problema da Babel psicanalítica, propondo uma maneira de estabelecer o diálogo e a comunicação entre os diversos sistemas-semântico-teóricos da psicanálise, defendendo que, por um lado, não há síntese nem tradução completa entre os sistemas, e, por outro, considerando que as apreensões dos fenômenos que um sistema pode fazer foi capaz contribuir para o desenvolvimento de outro sistema.[6]

Não me parece, pois, que Winnicott tenha desenvolvido suas propostas a partir da leitura e compreensão da obra de Ferenczi (tendo esta como sua fonte e referência); mas também não me parece que suas preocupações teórico-clínicas e sua maneira de compreender e descrever os fenômenos clínicos (sua realidade fenomenológica, por assim dizer) pertença a um mundo incomunicável com o que é configurável com as descrições de Ferenczi.

Nesse sentido, a questão que me parece ser fundamental para o desenvolvimento de estudos comparativos críticos entre autores clássicos da psicanálise é a de estabelecer um enquadre e uma direção para que esse tipo de estudo possa ser feito, em função do desenvolvimento da psicanálise como uma ciência e do método de tratamento psicanalítico como uma ciência aplicada.[7]

6 Cf. Fulgencio 1920b, 1921c.

7 Winnicott, nesse sentido, caracteriza a psicanálise como uma "ciência aplicada que se baseia em uma ciência" (1986k, p. 12).

Em primeiro lugar, temos a precisão de nos guiarmos pautados pela necessidade de estabelecermos um acordo entre os conceitos e seus referentes, evitando nomes díspares para um mesmo fenômeno e, em outra direção, fenômenos díspares para um mesmo nome ou conceito. Se não há um acordo desse tipo, corre-se o risco de realizar-se um diálogo insano, em que as palavras não têm o mesmo sentido para os interlocutores, na qual dois interlocutores dizem coisas díspares (com referentes díspares), mantendo uma ilusão de que falam sobre as mesmas coisas. Esse tipo de ressalva já foi feito pelo próprio Freud, como uma necessidade, quando, lembrando Kant, considera o diálogo sem uma ética da terminologia sendo ridiculamente figurável na cena em que um homem ordenha um bode enquanto o outro apara o leite com uma peneira.[8]

A meu ver, se nos ocuparmos de colocar em relevo quais são os fenômenos e problemas clínicos que esses autores buscam elucidar ou descrever (seus referentes), talvez ganhemos na própria ampliação da compreensão desses fenômenos; bem como poderemos, reconhecendo suas divergências quanto aos fenômenos abordados,

---

8 Freud diz: "As duas partes capitais do delírio scherebiano, a transformação em mulher e a relação privilegiada com Deus são conectadas, no seu sistema, pela posição feminina em relação a Deus. Isso é uma tarefa inelutável de colocar em evidência uma relação genética essencial entre essas duas partes, sem o que nós caiamos, com os comentários do delírio de Schereber, no papel ridículo descrito por Kant na célebre comparação na *Crítica da razão pura*, com o homem que ordenha um bode enquanto o outro apara o leite com uma peneira" (Freud 1911c, p. 257). A passagem de Kant à qual Freud faz referência é a seguinte: "é grande e necessária prova de sabedoria e de discernimento saber o que, razoavelmente, se deve perguntar. Pois, se a questão é absurda nela mesma e clama respostas inúteis, não somente ele cobre de vergonha aquele que a coloca, mas ela tem também o inconveniente de incitar a dar respostas absurdas no auditor que não está atento, e de oferecer o espetáculo ridículo de dois homens, em que um (como dizem os antigos) ordenha um bode enquanto o outro apara o leite com uma peneira" (Kant 1787, p. B 82). Para um comentário sobre as referências de Freud a Kant, veja Fulgencio 2001a.

mostrar que tipo de contribuição díspar cada um deles propôs na compreensão da realidade que buscam explicar.[9]

Tal tipo de perspectiva poderá, também, contribuir para que possamos avaliar que tipo ou modo de teorização cada um deles utilizou para atingir seus objetivos, colocando a questão das proximidades e distâncias entre esses autores em termos de uma discussão metodológica e epistemológica.

Considero que esse tipo de proposta nada mais é do que a compreensão de como uma ciência avança, ampliando a sua possibilidade de descrição e ação sobre um determinado campo fenomênico. Postura que também me parece ser compartilhada por Freud, Ferenczi e Winnicott.

Nesse sentido, nessa apresentação, que procura fazer uma comparação crítica das proximidades e distâncias entre as propostas de Ferenczi e de Winnicott, pretendo retomar algumas propostas[10] que buscaram avaliar as relações entre esses autores, acrescentando-lhes alguns comentários, ainda que, aqui, isso seja feito de uma maneira um tanto quanto esquemática, que aponta para uma direção possível para pesquisas desse tipo. Certamente, o trabalho mais direto, colocando o texto de Ferenczi e Winnicott lado a lado, analisando-os e julgando-os nas suas efetivas proximidades e distâncias, tanto empíricas como conceituais, corresponde ao trabalho que precisa e deve ser feito, para uma compreensão ampla e rigorosa das relações entre esses autores, a influência e/ou presença de Ferenczi na obra de Winnicott e as suas contribuições para o desenvolvimento da psicanálise. Um trabalho que vem sendo feito, cujo objetivo final ainda parece estar longe de ser alcançado. Nessa minha proposta, não vou me debruçar especificamente na

9 Cf. Fulgencio 2020b, 2021c.

10 Borgogno 2008; Figueiredo 2002; Kupermann 2008; Martin-Cabré 2001, 2008; Tonnesmann 1993, 2002.

comparação crítica direta entre eles, mas me afastando para ter uma visão geral, apoiando-me também nos comentadores, proponho-me a apresentar e destacar os elementos, empíricos e teóricos, que compõem os pontos principais desse tipo de análise; assim como indiquei no título deste capítulo: traçar um plano geral objetivando temas, fatos e problemas, para que estudos mais detalhados possam ser feitos e, ao mesmo tempo, uma perspectiva geral possa ser feita.

Avaliação crítica sobre os comentadores das relações de proximidade entre Ferenczi e Winnicott

Luis Martin-Cabré[11] 2001, 2008 se refere a alguns pontos significativos que comungam Ferenczi com Winnicott, a saber:

- a importância que ambos dão ao *jogo* e ao *brincar*, especialmente na mediação das necessidades emocionais da criança em relação à mãe;
- o reconhecimento da importância e/ou necessidade da *regressão* no processo analítico para determinados tipos de pacientes;

11 Luis J. Martin-Cabré, membro titular da Associação Psicanalítica de Madrid (APM), com funções didáticas, credenciado como psicanalista de crianças e adolescentes; da Sociedade de Psiquiatria e Psicoterapia Espanhola de crianças e adolescentes; da Associação Internacional de História da Psicanálise; da Fundação Internacional Sándor Ferenczi (Budapeste); do Conselho Editorial Europeu do *Internacional Journal of Psychoanalysis*; da CAPSA (IPA), comissão encarregada de intercâmbio teórico-clínico intercontinental entre diferentes sociedades e associações psicanalíticas. Professor convidado do mestrado em Teoria Psicanalítica da Universidade Complutense de Madrid; professor do Instituto de Psicanálise da Associação Psicanalítica de Madrid.

- a consideração de que há *traumas precoces* na base da etiologia dos casos chamados *difíceis*, o que, por sua vez, implica a formulação de uma concepção sobre o que é traumático pensado em função dos acontecimentos que aniquilam o self (ou quebram a continuidade de ser);
- o reconhecimento dos *fenômenos contratransferenciais*, como uma preocupação de Ferenczi retomada, décadas mais tarde, por Winnicott.

Também, em uma direção próxima a essa, Luís Claudio Figueiredo[12] (2002), defendendo que Winnicott compartilha com Ferenczi um *estilo clínico*, reconhece nos dois autores uma atitude que visa ao desenvolvimento do método de tratamento psicanalítico de pacientes esquizoides e *borderlines*. Figueiredo procura mostrar que ambos buscavam desenvolver a compreensão dos processos regressivos em análise, as relações iniciais traumáticas e a compulsão à repetição, tendo no horizonte a questão da sustentação ambiental e dos modos de viver a transferência, que seriam necessários ao tratamento desses pacientes.

A esse conjunto diverso de fenômenos, citados por Martin-Cabré e Figueiredo, creio que seria necessário discutir:

- como Ferenczi e Winnicott concebem a atividade do jogo e do brincar, diferenciando uma função do brincar associada

---

12 Luís Claudio Mendonça Figueiredo possui graduação em Psicologia pela Pontifícia Universidade Católica de São Paulo (1974), mestrado em Psicologia (Psicologia Experimental) pela Universidade de São Paulo (1976), doutorado em Psicologia (Psicologia Experimental) pela Universidade de São Paulo (1979) e Livre Docência em Psicologia pela mesma universidade (1992). Professor doutor da Pontifícia Universidade Católica de São Paulo (PUC-SP) e professor aposentado da USP. Tem experiência na área de Psicologia, atuando principalmente em pesquisas e orientações nos seguintes temas: teorias e práticas psicanalíticas (em especial, Freud, Klein, Bion e Winnicott), história e epistemologia da psicologia e da psicanálise.

a uma atividade expressiva (dos conflitos ou fantasias inconscientes) e uma outra, considerando o brincar nele mesmo. Esse tipo de distinção leva à pergunta ou hipótese de que haveria uma atividade do brincar pensada em termos de uma atividade relacionada com as pressões instintuais e, em outra perspectiva, um brincar que não estaria determinado por essas pressões, mas por uma necessidade ou atividade do ser humano que tem a ver com a própria estrutura da natureza humana. Essas duas perspectivas parecem estar presentes nos dois autores, cabendo, então, a necessidade de retomar as suas descrições da natureza e da função do brincar;

- como Ferenczi e Winnicott concebem a regressão no processo analítico, diferenciando a regressão a fases iniciais da administração da vida instintual (libidinal) e da regressão à dependência do ambiente (da mãe ou do ambiente). Nesse sentido, há que se distinguir e explicitar, nos dois autores, que tipo de aquisição, ganho ou experiência o paciente vive ou precisaria viver, em um processo analítico, em direção à sua "cura". Certamente, tal tipo de trabalho obriga a explicitar, nos dois autores, quais são os objetivos do tratamento psicanalítico, bem como se há uma noção de saúde (e quais seriam as suas características) para os dois autores;
- como Ferenczi e Winnicott concebem a noção de trauma, em especial a pergunta sobre a diferença que pode existir entre um trauma que é concebido como excesso de excitação que o indivíduo não encontra meios de elaborar e um trauma que é concebido como quebra na linha da continuidade de ser. Talvez tenhamos uma conjunção das duas concepções, mas seria necessário mostrar como cada um dos autores *descreve* o que é traumático;

- que tipos de relações transferenciais e contratransferenciais são descritas por Ferenczi e por Winnicott, diferenciando os tipos de pacientes tratáveis pelo método de tratamento psicanalítico. Nesse ponto, ainda que isso não apareça mais claramente nos artigos desses comentadores, deveríamos colocar em destaque a questão da agressividade, tanto do paciente como do analista, como fenômenos presentes e, necessariamente, administráveis, ao longo dos tratamentos psicanalíticos.

Magret Tonnesmann[13] (2002) considera que tanto Ferenczi quanto Winnicott teriam, cada um à sua maneira, ressaltado a importância da provisão ambiental (da relação com a mãe) para a constituição do ego, em especial no que se refere à semelhança que existe entre a *criação* do seio pelo bebê, para Winnicott, e o estágio da *alucinação* mágica onipotente, para Ferenczi. A questão que, creio, deve ser colocada é a diferença entre *criar* o seio e *alucinar* o seio, dado que a ação de alucinar um objeto implica um tipo de amadurecimento cognitivo que talvez falte ao bebê.

Nesse ponto, possivelmente seja necessário retomar a questão de saber que tipo de relação de objeto um bebê pode ter com sua mãe (seio, ambiente etc.). Kohon (1994) aponta como as ideias de Ferenczi sobre os relacionamentos objetais iniciais influenciou a obra de diversos psicanalistas pós-Freud:

> *[Sándor Ferenczi] caracterizou o relacionamento mais inicial com o meio ambiente como sendo um relacionamento com um "amor objetal passivo", o desejo de ser totalmente amado por esse objeto (corporificado no seio da mãe). [...] O conceito ferencziano de "privação*

13 Margret Tonnesmann é uma psicanalista da Sociedade Britânica de Psicanálise, membro da Associação Britânica de Psicoterapeutas.

> *materna precoce" e sua ideia de que existem relações objetais mesmo nas mais profundas camadas da mente constituíram o pano de fundo teórico que permitiu que as ideias de Melanie Klein, Michael Balint, Ronald Fairbairn, Donald Winnicott e outros se desenvolvessem.*[14]

Nessa direção, a posição de Melanie Klein, claramente colocável como um elo entre Ferenczi e Winnicott, precisa ser levada em conta. Para ela, um bebê já pode ter relações de objeto desde o início de sua vida, o que implica considerar que um bebê já teria capacidades cognitivas e afetivas que o capacitariam a reconhecer, amar, odiar e relacionar-se como objetos (o seio, a mãe). Diz Klein, nesse sentido

> *O uso que faço do termo "relações de objeto" baseia-se na minha asserção de que o bebê, desde o início da vida pós-natal, tem com a mãe uma relação (se bem que centrada primariamente em seu seio) imbuída dos elementos fundamentais de uma relação objetal, assim dizendo, amor, ódio, fantasias, ansiedades e defesas.*[15]

Em Winnicott, o bebê não tem, inicialmente, essa capacidade cognitiva, dada a sua imaturidade, dependendo do ambiente para "criar" os objetos de que necessita; ou seja, o bebê não pode alucinar.

A questão que, creio, deve ser colocada é se as críticas feitas a Klein também seriam pertinentes a Ferenczi, ou seja, se caberia perscrutar, na obra de Ferenczi, como ele concebe as relações de objeto no início do processo de desenvolvimento, considerando a relação com a mãe ou a provisão ambiental. Estamos de acordo

14 Kohn 1994, p. 17.
15 Klein 1952, p. 72.

com o fato de que ambos os autores julgam esse momento inicial das relações com a mãe – das relações objetais – como sendo fundamental, mas a maneira como cada um deles descreve e explicita essas relação iniciais é diferente, eles supõem determinantes e impulsos fundamentais que não são os mesmos. Ao colocar a questão sobre como são e o que impulsiona as relações iniciais do bebê com o mundo (objeto, ambiente, mãe, seio), também nos deparamos com um ponto que me parece fundamental, que é o de saber se as relações iniciais são ou não redutíveis à administração da vida instintual nas relações inter-humanas, dado que, para Winnicott, ainda que os impulsos instintuais estejam presentes desde o início, não são vividos pelo bebê como advindos dele mesmo, mas como pressões externas; e, mais ainda, a sexualidade, para ele, é uma determinada maneira, elaborada, de viver a vida instintual, que será conquistada ao longo do processo de amadurecimento.[16]

* * *

Franco Borgogno[17] (2008) fez uma incursão, destacando aspectos da vida pessoal de Ferenczi e de Winnicott, referindo-se ao tipo de mãe que cada um deles teve (Ferenczi, com uma mãe narcisista, e Winnicott, com uma mãe deprimida, mas ambos caracterizados como "crianças mimadas") e o tipo de relação conflituosa que cada um teria tido com seus analistas (Ferenczi, com Freud; Winnicott, com Strachey e, depois, com Joan-Rivière), como elementos afetivos significativos para se entender suas obras e a proximidade entre suas formulações teórico-clínicas. Borbogno caracteriza-os

16 Veja o artigo de Fulgencio, "A noção de Id para Winnicott" 2014d, e o de Loparic 2007.

17 Franco Borgogno foi Diretor da Escola de Pós-Graduação em Psicologia Clínica da Faculdade de Psicologia da Universidade de Turim, responsável pelo treinamento e supervisão de psicanalista da Sociedade Italiana de Psicanálise. Autor, dentre diversas publicações, de *Psicanálise como uma viagem* (Resumos Editorial, 2001; originalmente publicado em 1999).

como inovadores e, ao mesmo tempo, *infants-terribles* da psicanálise, em função das rupturas que provocaram, das suas atitudes não ortodoxas e do conjunto de propostas e experimentações clínicas que se deram a liberdade de fazer e colocar a público. Para ele, retomando alguns pontos centrais de sua interpretação:

- os dois se ocupam da relação primitiva com a mãe e do que ocorre para que a realidade possa surgir para o indivíduo, em especial no que ser refere às relações de dependência do início;
- tanto Ferenczi como Winnicott tomariam a pulsão como motor do desenvolvimento afetivo, creditando ao destino das relações com a pulsão (na relação de estreito vínculo com a mãe) aquilo que daria o fundamento para que a vida fosse digna de ser vivida;
- há uma série de acontecimentos clínicos relevantes, transferenciais e contratransferenciais, que teriam sido objeto de preocupação dos dois autores (o cuidado do analista para não introduzir nada que seja alheio ao paciente, a sutileza de uma série de comunicações não verbais presentes nas análises, a retomada experiencial dos traumas "registrados na carne", a compulsão à repetição etc.).

Nesse caso, parece-me necessário esclarecer as questões:

- Como Ferenczi e Winnicott descrevem o processo que leva ao reconhecimento da realidade? Questão que, por sua vez, também está associada a uma de igual valor e importância: como ocorre, para cada um dos autores, o processo de simbolização?
- Qual o lugar da linha de desenvolvimento instintual e da linha de desenvolvimento do ego, ou desenvolvimento do ser (que não se confunde com o desenvolvimento da linha

instintual)?, dado que Winnicott afirma, nesse sentido, que há uma linha do desenvolvimento do ser que nada tem a ver com as pulsões?

- Como cada um deles descreve os diversos modos de viver a transferência e a contratransferência no processo analítico, especialmente no que se refere ao tipo de relação que está em jogo (se associada às formas de ligar-se libidinalmente com os objetos ou, em outra perspectiva, nas formas de depender ou não do ambiente em termos do ter um lugar no mundo, a partir do qual agir)? Um caminho possível para desenvolver esse tipo de análise talvez seja o de perguntar para os dois autores qual é a natureza, a função e as características das relações com o ambiente.

* * *

Daniel Kupermann[18] (2008, 2019), por sua vez, também chama a atenção para um conjunto de fenômenos clínicos que tanto Ferenczi quanto Winnicott teriam abordado, de modo que:

- a importância da presença afetiva (presença sensível) do analista como um dos aspectos da elaboração necessária ao processo de cura psicanalítica, lembrando a tríade freudiana, *recordar-repetir-elaborar*;
- o reconhecimento da necessidade de experienciar, nos tratamentos psicanalíticos de certos tipos de paciente, processos de regressão;
- a explicitação da importância do jogo e do jogar com o paciente (como falar com a criança no paciente) como modos de comunicação, ao longo do processo psicanalítico;

18 Daniel Kupermann é Professor Associado do Departamento de Psicologia Clínica da USP e psicanalista membro-fundador da Formação Freudiana.

- a adaptação ativa necessária do analista para o desenvolvimento do tratamento psicanalítico.

Se, por um lado, parece que tanto Ferenczi como Winnicott se referem aos mesmos fenômenos clínicos, por outro, talvez seja necessário estabelecer algumas diferenças, considerando-se necessário esclarecer:

- que tipos de vivências transferenciais são descritas pelos dois autores, procurando diferenciar aquilo que está em função da *ressignificação* do passado e aquilo que está em função da *correção* do passado, fornecendo experiências e vivências novas na relação com o analista;
- que tipo de regressão deve ser vivida e que tipo de regressão deve ser evitada no desenvolvimento do tratamento psicanalítico? Aqui, novamente, cabe distinguir entre a regressão a modos de relacionamento objetal impulsionados pela vida instintual (ou libidinal) e modos de relação com o ambiente que dizem respeito à sustentabilidade, para que o indivíduo possa ser a partir de si mesmo;
- que tipo de concepção cada um dos autores tem sobre a natureza, função, dinâmica e objetivo do jogo, do jogar e do brincar, seja na vida em geral seja nos processo de tratamento psicanalítico;
- que tipo de ação do analista é necessária para o desenvolvimento de determinados casos clínicos, em especial os que poderiam ser inscritos no quadro dos pacientes difíceis? A prática clínica de Ferenczi e de Winnicott está repleta de descrições de situações em que o *setting* clássico foi transformado, rompido, por vezes, desrespeitado, ainda que eles mostrem que suas ações estão de acordo com o reconhecimento das necessidades desses pacientes. Cabe retomar esse conjunto de atitudes, colocando em evidência

fenomenológica o tipo de paciente, o tipo de problema e o tipo de objetivo que se procurou atingir com essas mudanças, por assim dizer, não ortodoxas.

Avaliação geral das proximidades de diferenças entre as propostas de Ferenczi e Winnicott para a compreensão da história do desenvolvimento das ideias na psicanálise

Notem-se, ainda, como temas e fenômenos que me parecem importantes de serem inseridos para análise e desenvolvimento crítico desses estudos comparativos, as seguintes formulações e/ou problemas:

- como é concebida a destrutividade e a compulsão à repetição nos indivíduos, na sua relação com a pulsão de morte, em Ferenczi e em Winnicott? Ainda que Ferenczi não tenha feito uma afirmação tão categórica quanto a de Winnicott – que considera a pulsão de morte como, talvez, o único erro de Freud –, ele parece se preocupar muito mais com os aspectos empíricos do comportamento destrutivo[19] ou repetitivo, tomando como referência para o pensamento não tanto a especulação metapsicológica da pulsão de morte, mas a suposição de um "princípio de apaziguamento" primário[20] e de uma "pulsão de repouso" ou de uma "necessidade natural de compartilhar" o prazer, cujo excesso é dirigido ao encontro do outro, e não à sua destruição;[21]

19 Por exemplo, quando Ferenczi (1929) considera a dimensão autodestrutiva da pulsão de morte como um efeito do abandono enquanto falha do ambiente.

20 *Diário Clínico* 1985, 30/06/1932.

21 *Diário Clínico* 1985, 13/08/1932.

- quais são as maneiras como esses dois autores descrevem como um analista pode e deve ser usado? Ferenczi, por exemplo, no seu "Princípio de relaxamento e neocatarse" (1930), abordando a tese do ódio recalcado em relação ao analista, refere-se a uma paciente que diz "Agora que o amo, posso renunciar a você",[22] associando essa situação à possibilidade de viver, na transferência, um ódio reprimido. Esse modo de colocar a questão de uma destrutividade vivida na relação com o analista nos leva, mais claramente, à posição descrita por Winnicott, no seu "O ódio na contratransferência" (1949f), afirmando que onde há um ódio verdadeiro, há também a possibilidade de um amor verdadeiro;[23]
- na continuidade do item anterior, também surge a questão do surgimento da realidade externa como um processo no qual está presente uma certa destrutividade. Esse fenômeno é descrito por Winnicott como a destrutividade na fase do uso do objeto, em que o "aquilo que é bom precisará ser destruído!". Ao referir-se a esse momento do processo de desenvolvimento afetivo, Winnicott descreve ocorrer a seguinte sequência: o sujeito relaciona-se com o objeto, o objeto está em processo de ser encontrado [destrói o objeto, o objeto sobrevive à destruição, o sujeito pode usar o objeto.[24] Winnicott comenta esse processo de constituição

22 Ferenczi 1930, p. 96.

23 Nessa direção, também deveremos agregar, para análise, todo o tratamento de Margareth Little com Winnicott, em que ele diz, depois que ela quebrou intencionalmente um vaso em seu consultório: "o que lhe disse naquele momento não posso escrever".

24 Winnicott 1969i, p. 131. Diz Winnicott, nesse sentido: "(1) o sujeito *relaciona-se* com o objeto. (2) O objeto está em processo de ser encontrado, em vez de ter sido colocado pelo sujeito no mundo. (3) O sujeito *destrói* o objeto. (4) O objeto sobrevive à destruição. (5) O sujeito pode *usar* o objeto" (Winnicott 1969i, p. 131).

da realidade externa, constituindo, então, objetos que podem ser usados e amados e com os quais se pode ter uma verdadeira relação de objeto, colocando em evidência o processo que, destruindo o objeto na sua realidade subjetiva (e não na sua totalidade, ou seja, não é a destruição do objeto na sua totalidade que é visada como objetivo, o que implica um processo destrutivo que não se confunde com o que, sem outros psicanalistas, poderia ser considerado como expressão da pulsão de morte):[25]

> *O sujeito diz ao objeto: "Destruí você" e o objeto acha-se lá para receber a comunicação. A partir daí, o sujeito diz: "Alô, objeto!" "Destruí você". "Amo você". "Você tem valor para mim por sobreviver à minha destruição de você". "Enquanto estou amando você, estou todo o tempo destruindo você na fantasia" (inconsciente);*[26]

- o reconhecimento de que o processo de constituição da realidade externa, tanto para Ferenczi quanto para Winnicott, está associado ao processo que leva à entrada no mundo simbólico, ainda que nos dois autores isso seja explicado de maneira diferente e se refira a dinâmicas relacionais diferentes, em especial no que diz respeito ao lugar da administração da vida instintual.

---

25 Jan Abram (2009) comenta a questão da destruição do objeto, na fase do uso do objeto, associando esse processo ao que seria, a seu ver, um processo análogo ao que Freud teria identificado como impulsionado pela pulsão de morte, o que não me parece coerente com a obra de Winnicott, que claramente rejeita essa especulação, considerando-a, mesmo, como um *erro* de Freud (Winnicott 1970b, p. 42).

26 Winnicott 1969i, p. 174.

Como último ponto dessa análise, que pretende traçar um quadro geral de trabalho de pesquisas para serem desenvolvidas, gostaria de focar minha atenção em uma questão metodológica e epistemológica, que se refere ao modo de teorização utilizado por esses autores para o desenvolvimento da psicanálise, a saber: a necessidade do uso de teorização metapsicológica, em termos da proposta de conceitos teóricos especulativos de valor apenas heurísticos; a metapsicologia como uma superestrutura especulativa da psicanálise, perspectiva metodológica compartilhada por Freud e Ferenczi; e a rejeição desse modo de teorização a favor de uma teorização factual, a meu ver, adotada por Winnicott.[27] Nessa direção, é importante colocar em destaque uma obra de Ferenczi e outra de Freud, que compartilham esse proceder metodológico, a saber: *Thalassa: ensaio sobre a teoria da genitalidade* (1924), em que encontramos a especulação ferencziana sobre as origens; e um dos textos não publicados dos ensaios metapsicológicos de Freud, seu "Neuroses de transferência: uma síntese" (1915[1985]), em que ele também cria uma história fantástica sobre as origens da humanidade, relacionando-a com as dinâmicas psicopatológicas. Esses dois textos parecem ser fruto de um projeto conjunto, de Freud com Ferenczi, de escreverem algo sobre Lamark.[28] Já defendi, em outro lugar, que considero que Winnicott rejeitou esse modo de teorização, atendo-se à procura de teorias cujos referentes factuais fossem possíveis (e não seres míticos, cujo uso heurístico seria uma justificativa), e isso até mesmo para seus conceitos mais abstratos de modo como a noção de ser, continuidade de ser, solidão essencial, parte sagrada do *self* que não deve ser comunicada etc.

27 Cf. um conjunto de análises sobre a natureza, a função e o destino das especulações metapsicológicas na psicanálise e, em especial, em Freud e Winnicott, em Fulgencio, Simanke, Imbasciati & Girard 2018.

28 Freud & Abraham 1965, carta de Freud a Abraham, de 11/11/1917, p. 266.

Para finalizar quero retomar também o que considero ser um conjunto de pontos problemáticos ou de disparidade entre Ferenczi e Winnicott, a saber:

- parece-me que Ferenczi, considerando que há relações de objeto desde o início, pensa essas relações como impulsionadas pelas pulsões. Nesse sentido, penso que não há em Ferenczi uma distinção entre a instintualidade e a sexualidade, ainda que ele faça uma diferenciação entre a linguagem da ternura infantil e da eroticidade do adulto. Ou seja, o lugar dado à sexualidade, como constituidora e organizadora do psiquismo humano, parece estar presente, em Ferenczi, desde o início, mas, em Winnicott, como uma conquista mais tardia do processo de desenvolvimento afetivo;
- nessa mesma direção, e aqui é que me parece haver uma mudança no modelo ontológico de homem, em Winnicott temos a inserção do problema do ser, como fundamento da existência humana: um ser antes do fazer (sexual ou instintual);
- as suas concepções sobre como ocorre o processo que leva à constituição da realidade externa, bem como sobre como ocorre o processo de simbolização, incluindo-se a atividade do jogo e do brincar e a adaptação ambiental, parecem ter proximidades e diferenças ainda não esclarecidas;
- e, por fim, uma questão quanto ao modo de teorização metapsicológica, em Freud e Ferenczi, adeptos ao uso de construções auxiliares especulativas, e, em Winnicott, uma rejeição desse tipo de teorização.

Ao retomarmos esse conjunto de temas afins a esses dois autores, creio que podemos afirmar que, mesmo que Winnicott não tenha estabelecido um diálogo direto com Ferenczi, muitas das suas preocupações clínicas parecem ser fenomenologicamente próximas. Em todos esses pontos problemáticos aqui explicitados, na perspectiva aqui proposta, somos levados à necessidade de retomar a descrição dos fenômenos referenciados, por cada um dos autores, para agregarmos e compararmos a compreensão dos fatos clínicos. Em resumo, talvez pudéssemos dizer que tanto Ferenczi quanto Winnicott procuraram, no que diz respeito a suas proximidades, descrever fatos clínicos semelhantes, seja referindo-se a fenômenos presentes no processo de desenvolvimento afetivo, seja nos tratamentos psicanalíticos.

Esses temas, assim colocados, parecem-me indicar amplas estradas para serem percorridas, um imenso canteiro de obras a ser desenvolvido, passo a passo, seguindo e apresentando cada um dos autores em seus sistemas específicos para, então, descritos os fenômenos em jogo, podermos colocar lado a lado esses modos de ver/constituir uma determinada realidade, objeto da ciência psicanalítica.

Tomando-se, do conjunto de possibilidades indicadas, podemos apontar – como um plano de análise a ser desenvolvido, qual seria o esquema, ou plano, para uma análise mais detalhada das semelhanças e diferenças entre Ferenczi e Winnicott – alguns problemas, tanto clínicos como teóricos, cujas descrição e análise, em cada um desses autores, tornariam possível apreender com suas especificidades, a saber: a situação maturacional do recém-nascido, em termos de suas possibilidades relacionais; o processo que leva à constituição de si mesmo e da realidade como apreendidos como dois, ou seja, do processo de subjetivação; a origem do símbolo; as vicissitudes e o manejo das relações transferenciais e contratransferenciais etc. Isso apenas aponta para a necessidade de um aprofundamento nesse tipo de estudo, levando a seus detalhes teóricos e fenomenológicos, que, certamente, no entanto, não pode ser feito nesse momento.

5. Modos de sofrer para Winnicott e Ferenczi e os objetivos do tratamento psicanalítico

Albert Camus considera que só existe um problema filosófico realmente sério, o suicídio: "Julgar se a vida vale ou não a pena ser vivida é responder à pergunta fundamental da filosofia".[1] Para ele, o problema não seria exatamente por que um ser humano se mata, mas, justamente, por que o ser humano não se mata, dado que há mais desencontros e amarguras na vida do que prazeres e júbilos.

Emil Cioran, logo no início de seu primeiro livro, *Do inconveniente de ter nascido*, disse: "Desde que estou no mundo, isto me pareceu ter um significado tão assustador que se mostrou insuportável".[2]

Fernando Pessoa,[3] cuja existência atormentada é fonte da sua literatura, expressão metafísica e universal da própria existência humana, escreveu em um de seus poemas: "Ah, na minha alma sempre chove. Há sempre escuro dentro em mim" (*in* "Cancioneiro).

---

1 Camus 2004, p. 17.

2 Cioran 1973, p. 9.

3 Pessoa 1986 [1914].

Vinicius de Moraes, no "Samba da bênção", diz: "A vida é a arte do encontro. Embora haja tanto desencontro pela vida".

Manuel Bandeira, em seu constante diálogo com a finitude, descreveu como a "A vida assim nos afeiçoa", apesar de ser cruel:

Se fosse dor tudo na vida,
Seria a morte o sumo bem.
Libertadora apetecida,
A alma dir-lhe-ia, ansiosa: – Vem! (...)

E a vida vai tecendo laços,
Quase impossíveis de romper:
Tudo que amamos são pedaços
Vivos de nosso próprio ser

A vida assim nos afeiçoa,
Prende. Antes fosse toda fel!
Que ao mostrar às vezes boa,
Ela requinta em ser cruel.[4]

Seja na filosofia, na arte, na religião ou na ciência, o problema é o de compreender e tratar do sofrimento, suas causas e as maneiras de evitá-lo ou ultrapassá-lo, ou ainda, usá-lo em benefício de si mesmo. Cada sistema teórico-semântico do conhecimento o fará da sua maneira, lembrando que *a forma como um problema é enunciado encaminha também a sua solução.* Trata-se, pois, delimitados ao campo da psicanálise e a uma determinada parte da história das ideias na psicanálise, de analisar como Freud, Ferenczi e Winnicott compreendem e tratam do sofrimento.

---

4 Bandeira 1976.

O sofrimento do ponto de vista de Freud

A criação da psicanálise como um método de tratamento por meios psíquicos também é uma tentativa de tratar-cuidar de um conjunto de pacientes para os quais não havia, na época de Freud, um tratamento adequado: as histerias e, por extensão, as neuroses obsessivas e as fobias, enfim, as chamadas neuroses de transferência. Freud as compreendeu como patologias, ou padecimentos, que tinham origem na vida psíquica ou emocional, na história de vida relacional afetiva dos pacientes; mais ainda, os sintomas eram expressões elaboradas de conflitos entre o eu desses pacientes e certas ideias (em geral, desejos) incompatíveis com os valores deste eu.

Na busca da psicogênese desses sofrimentos, Freud também descobriu que a própria organização da vida psíquica e a organização do homem como ser de cultura era também um efeito do conflito, na verdade insuperável, entre os impulsos eróticos-sexuais[5] e a impossibilidade do homem de realizá-los de forma direta e plena.

Para Freud, a própria organização da vida psíquica provinha da mesma dinâmica que produzia determinados sintomas e patologias. É nesse sentido que Fédida foi capaz de enunciar, em uma afirmação radicalmente freudiana, que "o sujeito é o sintoma";[6] e que Denise Morel pôde expressar sinteticamente a mesma ideia, dando, a seu livro, o título *Ter um talento, ter um sintoma.*[7]

As pulsões (força motriz fundamental, anterior à qual nenhuma outra é suposta) estariam, então, na base da origem da própria natureza humana, na origem do indivíduo e da sua organização

5 As *pulsões*, que, por sua vez, tomarão uma formulação mais ampla, em termos de pulsão de vida e pulsão de morte, que ultrapassa a referência à excitação sexual, mas que se mantém como um tipo de excitação que exige descarga.

6 Comunicação pessoal, em 1996.

7 Morel 1990.

psicoafetiva, na origem da cultura e de todos os valores humanos, bem como teria uma parte significativa na gênese do sofrimento de existir como ser humano. É nesse sentido que Paul-Laurent Assoun comenta qual é a tese e a problemática do texto de Freud "O mal-estar na civilização":[8] "De onde vem o mal-estar que se apresenta na cultura? Ele procede, além da representação pulsional, do trabalho da pulsão de morte no coletivo".[9]

Em diversas obras dedicadas à análise do surgimento do homem como ser de cultura, Freud defende a tese de que é justamente a imposição da necessidade de regrar a vida pulsional (ou, em uma acepção mais restrita, vida sexual) dos homens, nas suas relações com os outros homens, que gerou, por um lado a necessidade de interditar certos caminhos e, por outro, forneceu meios alternativos (sublimados) para sua realização. No entanto, Freud também aponta para o fato de que a sublimação nunca é totalmente bem-sucedida, que sempre restará um resíduo impossível de ser sublimado, permanecendo, pois, insatisfeito e produzindo sofrimento.

É nesse contexto que o objetivo do método de tratamento psicanalítico não pode ser eliminar totalmente o sofrimento, mas tão somente colocá-lo dentro de parâmetros suportáveis, para que a vida possa ser vivida ou, como afirmou Freud, referindo-se à histeria: "transformar sua miséria histérica em infelicidade banal".[10]

De modo geral, podemos caracterizar o modelo ontológico proposto por Freud como aquele que considera o homem um sistema natural (análogo a um aparelho) que procura administrar seus impulsos (excitações, pulsões) nas suas relações com os outros, visando, evidentemente, à sua realização (procura do prazer ou da descarga de excitações, procura do menor nível energético, menor

---

8 Freud 1930a.

9 Assoun 2009, p. 756.

10 Freud & Breuer 1895d, p. 247.

nível de diferença de potencial interna de excitações), mas obrigado a deparar-se com o princípio da realidade. A sexualidade (ou as pulsões), ainda que sendo o impulso fundamental, deverá ceder lugar (por sublimação) a outras formas de realização das pressões instintuais, constituindo, assim, *todos os bens culturais*, dentre eles a ternura e todas as formas regradas e delimitadas para a realização do encontro erótico e de todos os outros encontros inter-humanos; como também, paradoxalmente, é a fonte dos sofrimentos do homem-em-cultura (dado que jamais poderá atender plenamente à vida instintual).

Expressando-se de outra maneira, todo problema, todo sofrimento diz respeito àquilo que o homem pode ou não *fazer* com seus impulsos (ou pulsões), seja em termos individuais, seja em termos relacionais ou grupais. Não obstante, o objetivo do tratamento psicanalítico pode ser referido à necessidade de diminuir o sofrimento, aumentando a possibilidade de amar e relacionar-se com o outro.

* * *

Antes de focar minha análise na compreensão do que Ferenczi e Winnicott propuseram, gostaria, ainda, de retomar um comentário de Adam Phillips, caracterizando o ponto de partida e o horizonte das perspectivas teóricas de algumas das teorias clássicas da psicanálise. Diz Phillips (1988):

> *Cada teórico da psicanálise, poder-se-ia dizer, organiza sua teoria em volta do que poderia ser chamado de uma catástrofe essencial, para Freud era a castração; para Klein, o triunfo da pulsão de morte; e para Winnicott era a aniquilação do self central pela intrusão, como falha no ambiente de sustentação. (p. 209)*

Nós poderíamos ampliar essa proposta de Phillips afirmando: para Ferenczi [que se mantém no quadro da metapsicologia freudiana], a catástrofe da confusão de línguas entre a criança e os adultos (a linguagem da ternura e a linguagem erótica), entre o analista e o paciente, e todos os problemas técnicos (de manejo da transferência) necessários ao tratamento psicanalítico; para Bowlby, a catástrofe da deprivação materna; para Mahler, a catástrofe da não separação da situação de amálgama inicial com a mãe (o autismo e a simbiose), que não torna, pois, possível o processo de individuação; e para Lacan, a catástrofe da constituição simbólica do sujeito alienado de si mesmo, catástrofe da fase do espelho (com a impossibilidade de entrada do significante primário, *o nome do pai*), que acaba por manter o indivíduo no seu mundo real ou imaginário.

Nesse contexto, tendo Freud e a questão da administração da sexualidade na existência como fundamento da organização psíquica e como fonte de sofrimento, posso, então, retomar as especificidades das contribuições de Ferenczi e de Winnicottt, para mostrar como eles se colocam em relação a Freud, seja em termos do modelo ontológico considerado por eles, seja em termos da caracterização dos modos de existir-sofrer do ser humano. De forma breve, mas que analisarei em seguida, posso já afirmar: Ferenczi mantém-se fiel ao modelo de Freud, ampliando a compreensão dos problemas e manejos necessários aos cuidados com a administração das pulsões na vida da alma; Winnicott, sendo um freudiano para além de Freud, explicitou outros modos de ser e sofrer, não redutíveis aos problemas advindos da linha do desenvolvimento da vida instintual.

Sándor Ferenczi e a expansão do pensamento freudiano

Sándor Ferenczi (1873-1933) foi o discípulo favorito de Freud (chamava-o de seu "Paladino"), e ele mesmo se apresentava como um "astrólogo da corte",[11] tendo feito sua própria análise com Freud, colocando-o quase como um pai, com todas as ambiguidades e os conflitos que um filho pode ter. Ferenczi é freudiano; suas divergências em relação a Freud – centradas em questões do manejo clínico e do lugar do analista no processo de cura – não farão nenhuma ruptura significativa no modelo da metapsicologia e no modelo de homem proposto por Freud, reiterando as pulsões e a sexualidade como fundamento e constituindo a organização da vida psíquica.

A sua preocupação com a clínica colocou-se como um imperativo que acabou levando-o a ultrapassar os limites até então estabelecidos, por vezes sendo criticado pelo próprio Freud. Especialmente nos seus últimos anos de vida, suas tentativas de manejo clínico o levaram a propor a chamada *técnica ativa* (que consiste em intervir diretamente no tratamento, com gestos de ternura e afeto, bem como certos direcionamentos) e o *intercâmbio dos lugares do paciente e do analista* (ou a *análise mútua*, procedimento clínico no qual o paciente é convidado a "dirigir" o tratamento ao mesmo tempo que o terapeuta) como tentativas movidas por um desejo *curandis*, o que não foi muito bem-sucedido, mas apontou para problemas importantes do método de tratamento psicanalítico, dentre eles a necessidade da presença afetiva e verdadeira do analista. Como comenta Haynal: "Ferenczi é um clínico que colocou em destaque as questões da proximidade, presença e composição mútua, analista-paciente, no desenvolvimento do processo de cura... talvez impulsionado por sua própria análise, que deixou

11 Roudinesco & Plon 1997, p. 223.

de atendê-lo nas suas necessidades (estou mais saudável, não sei se melhor... comentando seu descontentamento com Freud etc.)".[12]

Além de Ferenczi ter sido um dos maiores colaboradores na difusão e prática da psicanálise, abordando todos os temas que Freud e a psicanálise do seu tempo colocaram em discussão, suas propostas estimularam profundamente o desenvolvimento teórico e prático da psicanálise:

> *O trabalho de Ferenczi é geralmente lido de três maneiras principais: como antecedente da variação técnica (validando a produção de mudanças no quadro psicanalítico); como obra de um dissidente da psicanálise que se rebela contra a ortodoxia freudiana; e como uma base a partir da qual pensar o trauma como algo verdadeiro, além da realidade psíquica, como um fato da realidade material.*[13]

As questões clínicas e a reação à ortodoxia freudiana (do *setting*, do manejo da transferência, das ações que podem auxiliar o processo de cura) não alteram a concepção sobre a gênese do sofrimento humano como advindo de problemas nas relações objetais impulsionadas pelas pulsões (relações que ele considera já presentes desde o início, o que será, inclusive, um dos fundamentos do pensamento kleiniano). No entanto, algumas de suas contribuições apresentarão questões e problemas que vão introduzir novos temas e novos fenômenos a serem considerados. Nesse sentido, gostaria de destacar dois de seus textos, mostrando que estes fornecerão uma ampliação importante na compreensão freudiana sobre dos modos de sofrer do seu humano: *Thalassa: ensaio sobre*

---

12 Haynal 2012, p. 70.

13 Gutiérrez-Peláez 2018, p. 4.

a teoria da genitalidade (1924) e "Confusão de línguas entre adultos e criança" (1933).

Thalassa: ensaio sobre a teoria da genitalidade é uma obra de *ficção* que aborda o processo e a origem mítica do ser humano em termos do desenvolvimento da espécie. Tal texto advém de um projeto elaborado com Freud, ambos retomando a máxima de que a ontogênese recapitula a filogênese, visando, em uma construção ficcional, a mostrar como a posição de Lamarck (com os caracteres adquiridos pelo indivíduo sendo transmitidos para as gerações posteriores) poderia ser confirmada pela psicanálise. Em Freud, esse projeto deu origem ao seu "Visão de conjunto das neuroses de transferência" (escrito em 1915, mas só publicado em 1985). Tanto o texto de Ferenczi como o de Freud reiteram a sexualidade como uma força fundamental impulsionando os relacionamentos inter-humanos. Em *Thalassa*, no entanto, Ferenczi se afasta de Freud (que centra na relação com pai a organização psíquica dos indivíduos, que se faz via a experiência das relações familiares em um cenário edípico), abandonando a tese da prioridade do pai para enfatizar o vínculo arcaico que a criança tem com a mãe:

> *a vida intrauterina reproduzia a existência dos organismos primitivos que viviam no oceano [...] o homem teria a nostalgia do seio da mãe, mas também procuraria regredir ao estado fetal nas profundezas marítimas [...] Se a sessão analítica repetia uma sequência da história individual e se, aliás, a ontogênese recapitulava a filogênese, a reflexão sobre a própria sessão conduzia naturalmente à pergunta: qual o estado traumático que a ontogênese repete simbolicamente?*[14]

14 Roudinesco & Plon 1997, p. 224.

Assim, com *Thalassa*, Ferenczi recolocou a mãe no centro e na origem da vida psíquica; logo, também considerou que esta relação arcaica-fundamental está na origem dos modos de ser e sofrer do ser humano. Haynal, apontando sua proximidade com Winnicott, afirma:

> *[neste caso da importância dada à mãe] Ferenczi é um precursor de Winnicott, e de outros, mas, ao contrário de Winnicott, Ferenczi não idealiza a mãe considerando um relacionamento supostamente desprovido de qualquer agressão. Ele não foca sua atenção numa mãe que decepciona ou que é traumática, como fizeram outros autores na segunda metade do século XX – isto é, os conceitos de "mãe esquizofredogênica", ou "mães traumatizantes" e "abusivas". Ferenczi foca numa mãe complexa e ambivalente, como geralmente existe na vida real e, com toda a probabilidade, existia na própria vida de Ferenczi no relacionamento com sua mãe.*[15]

No texto "Confusão de línguas entre adultos e criança" (1933), Ferenczi analisa os efeitos traumáticos que a linguagem do adulto, tendo a sexualidade como uma realidade estabelecida no seu modo de ser, e a linguagem da criança, que ainda está no campo da ternura, – portanto, expressão de uma dissonância e, por vezes, uma confusão no sentido dado às palavras e aos relacionamentos –; acontecimento e/ou fenômeno que Ferenczi também considera estar presente na relação analista-paciente. Nesse momento, além de ampliar a questão do trauma sexual, com estando na base do sofrimento humano, Ferenczi também se referiu à criança em termos da sua autenticidade, mais do que em termos da sua inocência. De

15 Haynal 2012.

qualquer maneira, o conflito que causa sofrimento não diz respeito ao desejo que pode ser realizado ou que é interditado, mas à dissonância entre a maneira como o adulto (ou analista) trata a criança e a maneira como a criança (ou paciente) apreende esse cuidado. Dado esse contexto, uma série de fenômenos clínicos e seus correlatos cuidados psicoterapêuticos psicanalíticos são redescritos, como: o jogo e a ação de brincar, a regressão, a transferência e a contratransferência, a função da mãe e/ou da provisão ambiental, a efetiva relação afetiva do analista em relação ao paciente etc. Todas essas questões clínicas focam, de uma maneira ou de outra, as relações objetais, tendo as pulsões e a sexualidade como suas forças básicas.

Winnicott: um freudiano para além de Freud

Winnicott fez algumas transformações significativas na psicanálise[16] sem jamais recusar Freud, mas desenvolvendo-o; o que não significa concordar com tudo o que Freud propôs. Como disse Goldman (1993), Winnicott estava *nas mãos de Freud, mas não sob o seu polegar*.

Adam Phillips pontuou algumas das mudanças estruturais que me interessa destacar aqui:

> *Enquanto Freud se preocupava com as enredadas possibilidades de satisfação pessoal de cada indivíduo, para Winnicott essa satisfação seria apenas parte do panorama mais amplo das possibilidades para a autenticidade pessoal do indivíduo, o que ele chamará de "sentir-se real". Na escrita de Winnicott, a cultura pode facilitar o crescimento, assim como o pode a mãe; para Freud,*

---

16 Fulgencio 2016c, 2020c.

> *o homem é dividido e compelido, pelas contradições de seu desejo, na direção de um envolvimento frustrante com os outros. Em Winnicott, o homem só pode encontrar a si mesmo em sua relação com os outros, e na independência conseguida através do reconhecimento da dependência. Para Freud, em resumo, o homem era o animal ambivalente; para Winnicott, ele seria o animal dependente, para quem o desenvolvimento – a única "certeza" de sua existência – era a tentativa de se tornar "separado sem estar isolado". Anterior à sexualidade como inaceitável, havia o desamparo. Dependência era a primeira coisa, antes do bem e do mal.*[17]

Com a introdução da noção de ser, como já apontou René Roussillon,[18] Winnicott fez uma ruptura epistemológica na psicanálise, modificando não só o modelo de homem proposto por Freud, mas também dando outro lugar para a sexualidade e o complexo de Édipo na história do desenvolvimento psicoafetivo do ser humano.[19] Para ir direto ao ponto de minha argumentação, considero que Winnicott reconhece que o ser humano sofre por causa das suas dificuldades na administração da sua vida instintual nas relações inter-humanas, bem como por uma série de outros acontecimentos existenciais díspares e irredutíveis à vida instintual que se referem à sua necessidade de ser, continuar a ser, e ter um lugar para viver a partir de si mesmo.

A série argumentativa para demonstrar o que acabo de afirmar é longa e já apresentada em outros trabalhos, não só meus como de demais comentadores de Winnicott, e trata-se aqui de retomar

---

17 Phillips 1988, p. 29.

18 Roussillon 2009.

19 Cf. Fulgencio 2020c.

alguns pontos importantes dessa argumentação para explicitar modos de ser e de sofrer descritos por Winnicott que não foram enunciados dessa maneira nem por Freud nem por Ferenczi, a saber: os problemas existenciais que não são redutíveis aos gerados na tarefa de administração da vida instintual; os que derivam, *grosso modo*, de cada modo de ser-estar no mundo, cada modo de estar mais ou menos integrado na própria personalidade; os que estão associados à busca de si mesmo; os que se referem à busca da confiabilidade ambiental perdida; os que resultam do fato de não ser visto. Vejamos cada um deles para, então, analisar o que pode derivar desse tipo de entendimento em termos da compreensão do objetivo do tratamento psicanalítico em termos da relação com o sofrimento existencial.

Nem todos os sofrimentos advêm das dificuldades em administrar a vida instintual

Winnicott se considera um freudiano que foi além de Freud. Ele reconheceu a grandiosidade de atlas de Freud, sem deixar de criticá-lo, sem deixar de indicar em que achou que foi insuficiente:

> *O leitor deve saber que sou um fruto da escola psicanalítica, ou freudiana. Isso não significa que eu tome como correto tudo o que Freud disse ou escreveu; isso seria em todo caso absurdo, visto que Freud continuou desenvolvendo suas teorias – isto é, modificando-as (de modo ordenado, como qualquer cientista) – até o momento de sua morte, em 1939.*[20]

20 Winnicott 1965t, p. 29.

Como insuficiências do pensamento freudiano, Winnicott se referiu, por exemplo, ao lugar dado à sexualidade e ao complexo de Édipo; e como *erro*, à proposta da noção de pulsão de morte (para explicar a agressividade e a compulsão à repetição), a pulsão de morte como o único erro de Freud.[21]

No que se refere ao lugar da sexualidade e do complexo de Édipo, Winnicott comentou, em diversos momentos da sua obra, que não só muitos seres humanos não amadureceram a ponto de terem problemas edípicos e/ou sexuais[22] como também que a vida instintual, sem deixar de ser importante, não abarca problemas relativos à sustentabilidade existencial e à experiência de ser, ou seja, se podemos caracterizar a vida instintual (que tem na sexualidade uma das suas expressões mais amadurecidas) como problemas relativos ao que fazer com as excitações, então, Winnicott estaria se referindo a problemas anteriores ao fazer, aos problemas de ser. E por isso que ele afirma que "Do ser, vem o fazer, mas não pode haver fazer antes do ser [...]".[23]

Cada tipo de integração tem suas necessidades e sofrimentos estruturais

No processo de desenvolvimento afetivo, que corresponde, *grosso modo*, a um conjunto de integrações e ampliações existenciais, os diversos modos de ser-estar no mundo correspondem também a diversos modos de estar não integrados em si mesmos. Ao analisar os tipos de pessoas que chegam aos consultórios dos psicanalistas, Winnicott distingue: 1. os que são pessoas inteiras (integradas como tal, *grosso modo*, os neuróticos); estes sofrem em função das

---

21 Winnicott 1987b, p. 37, carta a Money-Kyrle, em 1952.

22 Por exemplo, em Winnicott 1947a, p. 168; 1965va, pp. 219-220.

23 Winnicott 1971f, p. 26.

vicissitudes e dificuldades de administrar a vida instintual nas relações interpessoais no quadro do cenário edípico, e, para eles, é necessário o trabalho clássico da psicanálise (interpretar o inconsciente reprimido, com base na relação transferencial); 2. os que são recém-integrados e que sofrem, pois, em função da instabilidade e da dúvida na sua integração (são os deprimidos, que têm problemas de humor), cuja questão e sofrimento central dizem respeito a consolidar sua integração, sendo necessário que o analista sobreviva (ou seja, permaneça afetivamente confiável e presente) aos experimentos e testes, amorosos e destrutivos do paciente; 3. os que ainda não se integram ou se desintegraram na sua unidade enquanto sujeito psicológico (*grosso modo*, os psicóticos), para os quais é necessário que o analista funcione sustentando-os em suas necessidades de ser e continuar a ser, como a parte hidráulica de um ônibus, como uma mãe com seu bebê (lembrando, no entanto, que o analista não pode substituir nem ser a mãe do paciente, mas pode realizar seu objetivo no quadro do *setting* analítico, com todas as suas limitações e possibilidades).[24]

Sofrer na procura de si mesmo

Na situação descrita anteriormente, referindo-se à nosografia psicanalítica, certamente está na psicose a questão central de chegar a ser e aí permanecer, aí encontrar um lugar para viver. Logo, poderíamos dizer: os psicóticos têm problemas de ser, enquanto os neuróticos têm problemas relacionais referidos ao fazer.

Podemos, ainda, referindo-nos a alguns sintomas (adicções, sintomas psicossomáticos, automutilações, autotatuagens como imperativo e busca, necessidade de fazer modificações corporais

24 Winnicott 1955d, pp. 463-464.

mais extremas – no limite, a própria mudança de gênero) como, cada um à sua maneira, buscas de si mesmos. Assim, poderíamos dizer: os adictos procuram, nas drogas e nos modos de relacionamento adictivo, encontrar a si mesmos, como indicou Winnicott, reconhecendo as adicções como um problema associado a perturbações na experiência com os fenômenos transicionais; os sintomas psicossomáticos parecem, por sua vez, ser uma tentativa de integração, fazendo com que a experiência com o corpo expresse o sentimento de uma integração psicossomática; e, no caso das tatuagens, de ações que visam à transformação corporal, parece também sempre estarmos lidando com a questão da procura de um corpo que esteja mais de acordo com o que o indivíduo sente sendo ele mesmo.

A pergunta simples e difícil de ser respondida é: o que o psicanalista deve fazer? A resposta pode ser: criar todas as condições possíveis para que o paciente possa ter experiências de ser, *grosso modo*: as que retomam a dinâmica do tipo de relacionamento subjetivo com a realidade, com o ambiente se adaptando, colocando-se no lugar dos objetos subjetivos dos paciente, cujo modelo é a relação mãe-bebê inicial, e que se repete com mais clareza nos acontecimentos que caracterizam as primeiras entrevistas em psicanálise; e, segundo o modo geral de experimentar a ser na relação com o outro, a possibilidade de compartilhar fenômenos transicionais com os pacientes.

Sofrer por falta de confiabilidade ambiental

Não poder ter *fé em...*, não poder confiar no outro e/ou no ambiente, não poder ter esperança de que será possível encontrar algo no mundo que seja bom para o indivíduo são, evidentemente, como modos de ser e estar no mundo, correspondem a modos de sofrer no mundo. Tudo isso é resolvido, evidentemente, com o fornecimento de provisão ambiental adequada, ou seja, confiável.

Vejam, em um desses casos, o que se refere à atitude antissocial. Para Winnicott, ela é um efeito da quebra de confiança ambiental:

> *A tendência antissocial representa o SOS ou o* cri de coeur *da criança que, em um estágio ou outro foi deprivada, deprivada da provisão ambiental que seria apropriada na idade em que lhe faltou. A deprivação alterou a vida da criança; causou-lhe aflição intolerável e a criança está com a razão em reclamar o reconhecimento do fato de que "as coisas estavam bem e, depois, não ficaram bem" e de que isto constitui um fator externo, fora do controle da criança.*[25]

O modo de tratar da atitude antissocial é fazer com que o paciente possa ter a experiência de sobrevivência (ao ataque antissocial) do ambiente enquanto fator dinâmico (ou seja, o ambiente sobrevive, continua lá, presente e afetivo, depois de sofrer o ataque).

Um sofrimento universal: a necessidade de ser visto, de ter seu gesto acolhido

Ogden (2016) comenta que o que o paciente mais deseja é sentir-se compreendido, visto e entendido pelo analista. Mesmo que o analista não tenha, realmente, entendido o paciente, a experiência que ele tem de ser acolhido, visto e compreendido, é o elemento fundamental para que o sofrimento da solidão, de não existência, de não ter lugar etc. seja atendida.

---

25 Winnicott 1989vl, p. 54.

Como ressalta Winnicott, "mesmo quando nossos pacientes não se curam, eles nos são gratos por tê-los visto como são". A importância de "ser visto" ou "sentir-se entendido" aparece de diversas maneiras em sua obra, explicitando dinâmicas relacionais que ele considera acontecer no processo psicoterápico, seja retomando o que ocorre na comunicação profunda entre a mãe e o bebê, que sente suas necessidades atendidas sem mesmo que saiba (ou possa saber) que há um ambiente que o sustenta,[26] seja na experiência de contato e troca com o outro que se expressa na atividade de brincar,[27] como também todas as outras formas de encontro interpessoal nas quais uma comunicação profunda ocorre.

Ao comentar como ocorre uma análise, Winnicott nos diz que a primeira fase consiste em estabelecer uma comunicação com o paciente de modo que este passe a confiar na análise e no *setting* analítico,[28] o que só pode ocorrer se o analista puder se colocar como alguém que atende à necessidade de ser entendido, ser visto, do paciente. O analista precisa, pois, dar motivos para que o paciente confie nele! Na segunda fase, o paciente faz todo tipo de experiência de si mesmo e dos seus impulsos amorosos e destrutivos na sua relação com o analista, até que, na terceira fase ele conquista a possibilidade de achar natural viver a partir de si mesmo, adaptando-se ao mundo sem perda, em demasia, da sua espontaneidade.[29]

Sofrer ou não sofrer não é, propriamente, a questão

Tal tipo de análise mostra que há um descentramento, ou melhor, uma expansão da compreensão dos sofrimentos existenciais do

26 Winnicott 1988, p. 135.
27 Winnicott 1968i, p. 74.
28 Winnicott 1965d, p. 214.
29 Winnicott 1965d.

ser humano: acrescentando-se, ao lado dos problemas advindos da administração da vida instintual (que referi aos problemas relativos ao fazer), os problemas advindos da necessidade de ser e continuar sendo (os problemas relativos ao ser).

Gostaria, agora, de comentar outro descentramento, mais estrutural, que vai reenunciar o objetivo do tratamento psicanalítico, mostrando que mais importante do que diminuir o sofrimento é ter uma vida que seja própria e real.

Quando Winnicott descreve o que é a saúde, ele diz:

> *A vida de um indivíduo saudável é caracterizada tanto por medos, sentimentos conflituosos, dúvidas e frustrações como por características positivas. O principal e que o homem ou a mulher sintam que estão vivendo a própria vida, assumindo responsabilidade pela ação ou pela inatividade, e sejam capazes de assumir o crédito pelo sucesso e a culpa pelas falhas. Em outras palavras, pode-se dizer que o individuo passou da dependência para a independência, ou para a autonomia.*[30]

Evidentemente, tudo o que torna difícil, perturbado ou mesmo impossível de realizar como modo de ser-estar-relacionar-se de maneira saudável no mundo é motivo de sofrimento e deveria ser objeto de tratamento. No entanto, ao considerar quais são os objetivos do tratamento psicanalítico (parcialmente descritos de forma condensada na definição de saúde apresentada) – aos quais se podem acrescentar outras indicações de Winnicott, como:

---

30 Winnicott 1971f, p. 10.

> *As pessoas têm que aceitar o que são e aceitar a história de seu desenvolvimento pessoal, assim como as atitudes e influências ambientais locais; elas têm que continuar a viver e, vivendo, tentar se enredar na sociedade de modo a proporcionar contribuições cruzadas.*[31]

O fato de que poder deprimir é um índice da saúde; e que mais importante do que ter ou não sintomas é ter uma personalidade rica (na possibilidade de ser, de relacionar-se, inclusive rica na vida cultural –, tudo isso aponta, a meu ver, para um outro aspecto dos objetivos do tratamento psicanalítico, que não tem a ver, como seu fundamento, com a meta de diminuir o sofrimento (ainda que isso seja um efeito secundário), mas, sim, encontrar um lugar para viver a partir de si mesmo (sem perda em demasia da espontaneidade), ou seja, poder ter uma vida própria, pessoal, real (tão rica quanto possível, em termos culturais e sociais) e, por isso mesmo, que vale a pena viver.

Ser ou não ser não é uma questão de fazer ou não fazer

Certamente, somos levados ao célebre discurso de Hamlet, enunciando o problema; e Winnicott tem uma interpretação sobre qual é o problema que vive o jovem Hamlet, para além de suas questões edípicas, para além de sua dúvida sobre o que fazer:

> *A peça de Shakespeare trata principalmente do horrível dilema em que Hamlet se encontrou, e não havia solução para ele por causa da dissociação [entre SER e FAZER] que nele se estava dando como mecanismo de defesa. Seria recompensante escutar um ator*

31 Winnicott 1986g, p. 223-224.

> *representar Hamlet com isto em mente. O ator teria uma maneira especial de pronunciar a primeira linha do famoso solilóquio: "ser, ou não ser...", diria ele, como se tentando chegar a um fundo de algo que não pode ser sondado; "Ser... ou ...", e então faria uma pausa, porque na realidade o personagem Hamlet não conhece alternativa, e, finalmente, viria com a alterativa bastante banal: "... ou não ser", e, então, já estaria bastante distante, em uma viagem que não pode levar a parte alguma: "é mais nobre na mente sofrer / Os golpes e as flechas da ultrajante fortuna / Ou pegar armas contra um mar de dificuldades / E, se lhes opondo, finda-las? (Ato III, Cena I)".*[32]

Ser ou ... não ser, antes de fazer ou não fazer... e, depois, o que fazer? Eis o dilema existencial, o problema clínico a ser cuidado.

32 Winnicott 1971va, pp. 142-143.

6. *Telos* & desenvolvimento de Winnicott & Companhia

Certamente, as análise histórico-críticas-comparativas apresentadas nestes dois volumes de *Winnicott & Companhia*, corresponde a um trabalho parcial, pleno de lacunas a serem preenchidas, com propostas e interpretações desses autores nem sempre apresentando um consenso entre os diversos colegas que se dedicam ao estudo de Winnicott. Mas, aqui, gosto de lembrar o bom-humor de Lacan, parafraseando-o: *Eu digo, sempre, a verdade... não toda!*

A primeira lacuna, indesculpável, é a falta de um conjunto de análises sobre a relação entre Winnicott e Bion, na qual seria possível estabelecer relações e comentários críticos sobre: a *reverie* como expressão dos modos de relação subjetivo e transicional com o outro; a comunicação e a experiência como lugar de encontro do analista com o paciente; a noção de preconcepção com os modos de criar-encontrar "objetos" (subjetivos e transicionais), mesmo sabendo que a noção de preconcepção ultrapassa tais dinâmicas; a posição do analista (sem desejo, sem memória) e a "preocupação materna primária" e a "comunicação profunda"; a noção de continente e a de holding e de ambiente; a experiência de pensar e a experiência de ser etc. No entanto, ainda não sinto que já compreendi suficientemente bem a obra de Bion para desenvolver essas ideias e possibilidades. Essa é uma lacuna que, reconhecendo-a, não sei se me caberá, ainda, tempo e saber adequado para preenchê-la.

Pensando, ainda, em outras lacunas – dentre elas, uma infinidade de problemas clínicos e teóricos da psicanálise, da história da psicanálise –, poderiam ser enunciadas para citá-las *en passant*: a noção e o lugar da sexualidade, a transferência e a resistência no processo analítico, o complexo de Édipo, o pensamento e a representação, o inconsciente, a interpretação e seus limites, a cura, os limites do analista e de uma análise, as ontologias nesses diversos autores etc. Enfim, o que foi aqui realizado neste livro é apenas uma pequena contribuição em uma determinada direção, visando ao desenvolvimento da psicanálise como ciência, cujas lacunas não serão preenchidas por um único autor, mas pela comunidade de cientistas que se dedicam ao estudo e prática da psicanálise.

Não obstante, nesse cenário tão incompleto, há temas e perspectivas de análise que fornecem um ponto de vista mais geral, que pode agrupar problemas ou enunciar modos de compreensão que contribuem para enquadrar determinadas perspectivas gerais, especialmente se for possível enunciar questões do tipo: para que serve a psicanálise? O que analista e paciente procuram realizar com esse tipo de psicoterapia? Qual e como analisar a eficiência do processo psicoterapêutico psicanalítico? etc.

Nesse sentido, proponho retomar uma discussão enunciada por diversos psicanalistas, na história da psicanálise e, mais recentemente, formulada por Thomas Ogden, na diferenciação entre dois modos de funcionamento (e de procura, *telos*) do processo analítico, a saber: a procura pelo entendimento e a necessidade de realizar experiências no processo analítico. Portanto, depois de dedicar-me a diversos aspectos das proximidades-distâncias-rupturas entre Winnicott, Freud, Klein e Bion, quero dedicar-me a fazer alguns breves comentários sobre a experiência no processo analítico.

7. Breves diálogos atuais sobre o lugar da experiência no processo analítico

Diversos autores, ao longo da história da psicanálise, têm levantado o tema da "*experiência vivida*" e da "história (presente e passada) ressignificada", enunciando criticamente o que se faz no método de tratamento psicanalítico.

André Green, ao reconhecer que muito já se falou sobre a questão de saber se a experiência psicanalítica é uma repetição do passado ou uma criação de algo inteiramente novo, engendrado pela situação analítica, algo que não existiria nem poderia existir fora do *setting* analítico, prefere afirmar que a experiência analítica é "uma *atualização* da história de uma pessoa, como essa história trabalha, como se torna eficaz".[1]

Na mesma direção, Adam Phillips disse:

> *Psicanálise é uma história – um modo de contar histórias – que faz com que algumas pessoas se sintam melhor [...] Psicanálise – como uma forma de conversa*

1 Green 2005d, pp. 67-68.

> *– vale a pena apenas se tornar a vida mais interessante, ou mais engraçada, ou mais triste, ou mais atormentada, ou o que quer que seja sobre nós mesmos que valorizemos, que queremos promover; e, especialmente, se nos ajudar a encontrar coisas novas sobre nós mesmos que não sabíamos e podemos valorizar.*[2]

Esses dois modos de formular (Green e Phillips) fazerem com que a psicanálise aponte tanto para o campo da busca pelo "*entendimento*" quanto para a busca por um determinado tipo de "experiência", sem deixar muito claro o que significa "contar histórias", "fazer uma história trabalhar" ou "valorizar algo".

Diversos outros autores poderiam participar desse tipo de diálogo e reflexão. No entanto, há dois comentários-comentadores mais atuais que me parecem dar o foco e a precisão desse tema e o problema da "experimentação no processo analítico": uma análise de Martine Girard (2010) e o texto de Thomas Ogden (2019), ambos versando sobre a obra e as propostas de Winnicott ressaltando a importância da experiência de ser no processo analítico. Ogden ainda se ocupa de Bion, que não tomarei nesse momento como campo de diálogo e aprofundamento, mantendo-me delimitado ao que pensou e propôs Winnicott.

Martine Girard reconheceu o aspecto das contribuições de Winnicott quando afirmou:

> *No ponto em que estamos, devemos nos deter na noção de experiência como uma via por excelência que leva a abordar o ser. [...] essa noção [de experiência] percorre com insistência a obra de Winnicott: desde a breve*

2 Phillips 1993, p. 4.

> experiência de onipotência *do encontrar-criar até* a experiência da cultura*; desde a* área transicional *como "área intermediária da experiência, para a qual não se coloca a questão de saber se ela pertence à realidade interna ou à realidade externa (compartilhada)" (Winnicott, 1953c [1958], p. 329, grifos nossos); até o medo do colapso* (fear of break down*), como em "o medo do colapso pode ser um medo de um acontecimento passado que ainda não foi experienciado [*experienced*]" (Winnicott, 1974, p. 76); passando pela* "experiência *de estar sozinho quando mais alguém está presente [*the experience of being alone while someone else is presente*]" (Winnicott, 1958g, p. 36, grifo nosso). Para Winnicott, junto com a capacidade de estabelecer relações interpessoais e de elaborá-las fantasmaticamente e com o mundo pessoal (interior) da realidade psíquica, há uma terceira coisa de igual importância: a experiência e a capacidade de sentir a experiência como real.*[3]

Thomas Ogden (2019), no seu artigo "Ontological Psychoanalysis or 'What Do You Want to Be When You Grow Up?'", analisa dois modos de funcionamento do processo analítico que, mesmo ocorrendo sempre misturados, dão tonalidades e perspectivas de trabalho e objetivo do tratamento psicanalítico diferentes: a distinção entre uma psicanálise epistemológica (relacionada ao conhecimento e à compreensão, tendo como principais autores Freud e Klein) e outra ontológica (relacionada ao ser e ao tornar-se, tomando nesse caso como principais referências Winnicott e Bion).

---

3 Girard 2018 [2010], pp. 226-227.

Ogden faz as seguintes caracterizações:

> *Da maneira como estou usando o termo, 'psicanálise epistemológica' refere-se ao processo de adquirir conhecimentos e de chegar a entendimentos sobre o paciente, particularmente acerca de seu mundo interno inconsciente e de sua forma de se relacionar como mundo externo. Esses entendimentos servem para organizar a experiência e têm valor quando se lida com os problemas emocionais do paciente, quando se procura obter mudanças psíquicas. As interpretações do analista buscam promover o entendimento das fantasias inconscientes do paciente, bem como de seus desejos, medos, impulsos, conflitos, aspirações, e assim por diante.*[4]
>
> *[...]*
>
> *Por sua vez, o termo "psicanálise ontológica", como o uso, refere-se a uma dimensão da psicanálise na qual o propósito do analista é facilitar os esforços do paciente por tornar-se mais si mesmo.*[5]

> *Na psicanálise ontológica, o conhecimento adquirido por paciente e analista não é o ponto central; pelo contrário, trata-se da experiência do paciente que "chegará à compreensão criativamente, e com imensa alegria", experiência a qual ele está engajado não predominantemente por buscar autoentendimento, mas por estar num processo de tornar-se mais plenamente si mesmo.*[6]

4 Ogden 2020, p. 25.

5 Ogden 2020, p. 25.

6 Ogden 2020, p. 25.

Considerando-se que a obra de Winnicott destaca a importância da experiência de ser a partir de si mesmo, ser-com-o-outro, como um dos fundamentos tanto da natureza humana quanto do próprio processo analítico, já analisei e descrevi alguns tipos de experiência de ser próprios do processo de desenvolvimento emocional e do processo psicoterápico psicanalítico.[7] Procurei mostrar que essas experiências de ser também podem ser apreendidas como "modos de relação objetal", variando-se o tipo de objeto e o modo como o ambiente ou o outro realizam essas relações. Nesse sentido:

- a relação com objetos subjetivos fornecendo a experiência *sou*;
- a relação com os objetos e fenômenos transicionais a experiência *sou-com*;
- a relação com objetos apreendidos como externos, a experiência *sou diferente de* (quando a distinção *eu-não eu* domina o cenário, estabelecendo relações de objeto do tipo a dois corpos: *eu* e todo o resto como *não eu*);
- como também (associada às relações com objeto apreendido como externo), a experiência *eu sou predicável* ou *eu sou x*, com x sendo um predicado do *eu* (quando o conjunto de integrações levou o indivíduo a apreender-se a si mesmo e ao outro como pessoas inteiras domina o cenário, estabelecendo relações de objeto do tipo a três corpos, momento em que a tarefa de administrar a vida instintual nas relações interpessoais no quadro do cenário edípico se

7 Veja o Capítulo 9, "Winnicott e Freud: continuidades, rupturas e novas perspectivas" do volume 1 deste livro, bem como o artigo "A psicanálise como uma cura pela experiência", para uma análise mais detalhada desses modos de ser-estar, que também correspondem a modos de manejo da relação transferencial no *setting* psicanalítico de tratamento.

> impõe como necessária). Quando o analista ocupa o lugar dos objetos subjetivos, da sustentação ambiental, o paciente pode ter a experiência de ser sustentado, de *ser* sem ter de ocupar-se (ou mesmo perceber) o ambiente. Tal tipo de encontro relacional fornece a experiência *sou*, realizando a possibilidade de ser a partir de si mesmo, de que os gestos espontâneos podem ser vividos, de que há uma temporalidade e uma espacialidade que são adequados ao *self*... enfim, essas servem de base para a conquista do sentimento de ter "fé em..." sendo a base do sentimento de "esperança" de que vale a pena viver.

Esse tipo de compreensão da obra de Winnicott, destacando a importância da experiência de ser, tanto para o desenvolvimento quanto para o processo psicoterapêutico psicanalítico, torna possível considerar a psicanálise como uma "cura pela experiência de ser", conjugada com o que Freud caracterizara como uma "cura pela palavra", levando à integração e à simbolização pelo entendimento; ou seja, há conjugação entre, retomando a formulação de Ogden, uma cura pelo entendimento (psicanálise epistemológica, cujos maiores representantes são Freud e Klein) e uma cura pela experiência (psicanálise ontológica, cujos maiores representantes são Winnicott e Bion). O que minha proposta de entendimento faz é detalhar e diferenciar os tipos de experiência de ser, experiências do self, apontadas por Ogden (ainda que meu texto seja anterior ao meu contato com o texto de Ogden, o que alegra e assegura, pois reitera os meus pensamento e percepção).

Gostaria, assim, de fazer alguns apontamentos críticos, somando minha perspectiva à de Ogden: ele apontou para o campo da experiência como algo a ser considerado e realizado no processo analítico. Minha argumentação detalha e diferencia os tipos de experiência de ser, tanto associando-as com as relações de objeto quanto apontando para o tipo de dinâmicas relacionais envolvidas em cada uma delas, o que, por sua vez, também caracteriza as relações transferenciais o seu manejo no método de tratamento psicanalítico. Essas diferenciações mostram diversas maneiras de realizar a si mesmo, sendo a relação com os objetos e fenômenos transicionais apenas uma delas.

Estou de acordo com Ogden ao afirmar que a psicanálise epistemológica e a psicanálise ontológica não existem de forma pura e que a sua distinção tem mais um caráter pedagógico do que um valor descritivo, conjugando as duas perspectivas. Creio que, apesar do valor heurístico pedagógico dessa distinção, ela pode gerar cisões, diferenciando procedimentos que ocorrem, na verdade, em conjunto, como a água jogada ao vinho, fazendo com ele uma mistura indissociável.

O texto "Os objetos e fenômenos transicionais", a meu ver, não fundamenta a distinção proposta por Ogden, mas a descreve e qualifica fenomenologicamente como de tal ou tal maneira (gesto criativo; ser-com; espontânea; criando-e-encontrando o mundo, os objetos, a si mesmo e ao outro; funcionando na lógica do paradoxo etc.). As experiências de ser e de encontrar-realizar a si mesmo (o outro e o mundo), que acompanha a realização da experiência relacional transicional, é um modo de ser, mas, como apontei, há outros.

O fundamento da necessidade de experienciar para ser-no-mundo-consigo-e-com-o-outro está no modelo ontológico de Winnicott, centrado na noção de ser e na necessidade de continuar sendo.

A distinção de duas psicanálises, com seus representantes, ainda que tendo interesses heurísticos e valores pedagógicos importantes, pode obscurecer o fato de que a experiência de ser vem sempre acompanhada de "um dar sentido a" (junto ou não com a palavra) e, por sua vez, a palavra também vem acompanhada pelas experiências de ser (sejam ou não apercebidas como tal).

* * *

Esse conjunto de comentários correspondem, a meu ver, a um acordo profundo com as propostas e entendimentos de Girard e Ogden, apontando, nesse sentido, para o desenvolvimento da psicanálise como uma "cura pela experiência de ser", conjugada a uma "cura pela dação de sentido às experiências vividas", com a presença da palavra, mas nem sempre com ela. Nesse contexto, que comunga a *cura pela experiência* com a *cura pela palavra*, também é possível comungar Freud, Klein, Ferenczi e Winnicott, sem obscurecer as diferenças, mas também sem excluir a comunicação e, mais importante, sem sermos cegos pelos narcisismos das pequenas diferenças.

Referências bibliográficas do volume 2

Abram, J. (2008). Donald Woods Winnicott (1896–1971): A brief introduction. *The International Journal of Psychoanalysis, 89*(6), 1189-1217.

Abram, J. (2009). L'objet qui survit et l'objet qui ne survit pas: quelques réflexions sur les racines de la terreu. *Les Lettres de La Société de Psychanalyse Freudiene, Winnicott, un psychanalyste dans notre temps,* (21), 93-112.

Abram, J. (2012a). *Donald Winnicott Today.* London and New York: Routledge.

Abram, J. (2012b). Introduction. In Abram, J. (Ed.), *Donald Winnicott Today* (pp. 1-10). Routledge.

Abram, J., & Hinshelwood, R. D. (2018). *The Clinical Paradigms of Melanie Klein and Donald Winnicott. Comparations and Dialogues.* London: Routledge.

Aguayo, J. (2002). Reassessing the Clinical Affinity Between Melanie Klein and D. W. Winnicott (1935-51): Klein's Unplublished

'Notes on Baby' in Historical Context. *The International Journal of Psychoanalysis, 83*(5), 1133-1152.

Assoun, P. L. (Ed.). (2009). *Dictionnaire des ouevres psychanalytiques*. Paris: PUF.

Bandeira, M. (1976). *Estrela da vida inteira*. Rio de Janeiro: José Olympio.

Borgogno, F. (2008). Ferenczi y Winnicott: contatos (*de alma*) cercanos. In *Winnicott hoy. Su presencía en la clínica actual*. Madrid: Psimática.

Caldwell, L., & Joyce, A. (2011a). General Introduction of *Reading Winnicott*. In Caldwell, L., & Joyce, A. (Eds.), *Reading Winnicott*. London: Routledge.

Caldwell, L. (2011b). *Reading Winnicott*. London: Routledge.

Camus, A. (2004). *O mito de Sísifo*. Rio de Janeiro: Record.

Cioran, E. M. (1973). *De l'inconvénient d'être né*. Paris: Gallimard.

Ehrlich, R. (2004). Winnicott's response to Klein. *Psychoanalytic Quarterly, LXXIII*, 453-484.

Ferenczi, S. (2011). *Obras Completas* (4 Vols.: I. 1908-1912; II. 1913-1919; III. 1919-1926; IV 1927-1933). São Paulo: Martins Fontes.

Ferenczi, S. (1913). O desenvolvimento do sentido de realidade e seus estágios. Vol. II (pp. 45-62).

Ferenczi, S. (1924). Thalassa: ensaio sobre a teoria da genitalidade. Vol. III (pp. 277-358).

Ferenczi, S. (1929). A criança mal acolhida e a pulsão de morte. Vol. IV (pp. 55-60).

Ferenczi, S. (1930). Princípio de relaxamento e neocatarse. Vol. IV (pp. 61-78).

Ferenczi, S. (1933). Confusão de língua entre os adultos e a criança In: *Obras Completas*. Vol. IV (pp. 111-135). São Paulo: Martins Fontes.

Ferenczi, S. (1992). *Diário Clínico*. São Paulo: Martins Fontes.

Freud, S. (1953-1974). *The Standard Edition of the Complete Psychological Works of Sigmund Freud* – SE (12 vols.). London: Hogarth Press.

Freud, S. (1905d). Three Essays on the Theory of Sexuality. SE 7 (pp. 125-246).

Freud, S. (1914d). On the History of the Psycho-Analytic Movement. SE 14 (pp. 3-66).

Freud, S. (1923a). Two Encyclopaedia Articles. SE 18 (pp. 234-260).

Freud, S. (1923b). The Ego and the Id. SE 19 (pp. 3-66).

Freud, S. (1930a). Civilization and its Discontents. SE 21 (pp. 59-146).

Freud, S. (1931b). Female Sexuality. SE 21 (pp. 223-244).

Freud, S. (1933a). New Introductory Lectures On Psycho-Analysis. SE 22 (pp. 3-182).

Freud, S., & Breuer, J. (1895d). Studies on Hysteria. SE 2 (pp. 3-305).

Freud, S., & Abraham, K. (1965). *Correspondance 1907-1926*. Paris: Gallimard.

Fulgencio, L. (2001a). Comentários críticos das referências textuais de Freud a Kant. *Psicologia USP, v. 12*(n. 1), pp. 49-88.

Fulgencio, L. (2008g). *O método especulativo em Freud*. São Paulo: EDUC.

Fulgencio, L. (2010a). Aspectos gerais da redescrição winnicottiana dos conceitos fundamentais da psicanálise freudiana. *Psicologia USP*, *21*(1), 99-125.

Fulgencio, L. (2013a). Ampliação winnicottiana da noção freudiana de inconsciente. *Psicologia USP*, *24*(1), 143-164.

Fulgencio, L. (2013d). A redescrição da noção de Superego na obra de Winnicott. *Rabisco. Revista de Psicanálise*, *3*, 153-168.

Fulgencio, L. (2013e). A situação do narcisismo primário. *Revista Brasileira de Psicanálise*, *47*(3), 131-142.

Fulgencio, L. (2014a). Aspectos diferenciais da noção de ego e de self na obra de Winnicott. *Estilos da Clínica*, *19*(1), 183-198.

Fulgencio, L. (2014b). Ernst Mach & Sigmund Freud. *Clínica & Cultura*, *3*(2), 58-89.

Fulgencio, L. (2014d). A noção de Id para Winnicott. *Percurso. Revista de Psicanálise*, *XXVI*(51), 95-104.

Fulgencio, L. (2015b). Discussion of the place of metapsychology in Winnicott's work. *The International Journal of Psychoanalysis*, *96*(5), 1235-1259.

Fulgencio, L. (2016c). *Por que Winnicott?* São Paulo: Zagodoni.

Fulgencio, L. (2018a). As especulações metapsicológicas de Freud. In Fulgencio, L. (Ed.), *A Bruxa Metapsicologia e seus destinos* (pp. 33-74). São Paulo: Blucher.

Fulgencio, L. (2020b). Incommensurability between paradigms, revolutions and common ground in the development of psychoanalysis *The International Journal of Psychoanalysis*, *101*(01), 13-41.

Fulgencio, L. (2020c). *Psicanálise do Ser. A Teoria Winnicottiana do Desenvolvimento Emocional como uma Psicologia de Base Fenomenológica.* São Paulo: Edusp-Fapesp.

Fulgencio, L. (2021c). Incomensurabilidade entre paradigmas, revoluções e *common ground* no desenvolvimento da psicanálise. In *Ensaios Sobre a constituição epistemológica do pensamento de Freud* (pp. 213-258). São Paulo: Edições Concern.

Fulgencio, L. (2021g). Incomensurabilidade entre paradigmas, revoluções e *common ground* no desenvolvimento da psicanálise. In *Ensaios Sobre a constituição epistemológica do pensamento de Freud* (pp. 213-258). São Paulo: Edições Concern.

Fulgencio, L., Simanke, R., Imbasciati, A., et al (Eds.). (2018). *A bruxa metapsicologia e seus destinos.* São Paulo: Blucher.

Figueiredo, L. C. (2002). A tradição ferencziana de Donald Winnicott. Apontamentos sobre regressão e regressão terapêutica. *Revista Brasileira de Psicanálise, 36*(4), 909-928.

Girard, M. (2010). Winnicott's foundation for the basic concepts of Freud's metapsychology? *The International Journal of Psychoanalysis, 91*(2), 305-324.

Girard, M. (2018 [2010]). Winnicott e a rejeição dos cocneitos básicos da metapsicologia freudiana. In Fulgencio, Simanke, Imbasciati, & Girard (2018). *A bruxa metapsicologia e seus destinos.* São Paulo: Blucher.

Green, A. (2005b). Winnicott at the Start of the Third Millennium. In Caldwell, L. (Ed.), *Sex and Sexuality: Winnicottian Perspectives (Winnicott Studies Monograph Series)* (pp. 11-31). London: Karnac Books.

Green, A. (2005c). Winnicott en transition, entre Freud et Melanie Klein. In *Jouer avec Winnicott* (pp. 43-66). Paris: PUF.

Green, A. (2005d). L'Expérience et la pensée dans la pratique psychanalytique. In *Jouer avec Winnicott* (pp. 67-82). Paris: Edition in press.

Green, A. (2013b). Origines et vicissitudes de l'Être dans l'oeuvre de Winnicott. *Revue Française de Psychanalyse, 4*(75), 1151-1170.

Greenberg, J. R., & Mitchell, S. A. (1983). *Relações objetais na teoria psicanalítica.* Porto Alegre: Artes Médicas.

Grosskurth, P. (1992). *O mundo e a obra de Melanie Klein.* Rio de Janeiro: Imago.

Goldman, D. (1993). *In One's Bones The Clinical Genius of Winnicott.* New Jersey: Jason Aronson Inc.

Gutiérrez-Peláez, M. (2018). Unveiling Ferenczi. In *Confusion of Tongues. A Return to Sándor Ferenczi* (pp. 1-8). Nova York: Routledge.

Haynal, A. (2012). Ferenczi now and then: an introduction to his world. In Szekacs-Weisz, J., & Keve, T. (Eds.), *Ferenczi and His World . Rekindling the Spirit of the Budapest School* (pp. 69-86). London: Karnac.

Hinshelwood, R. D. (1992). *Dicionário do pensamento kleiniano.* Porto Alegre: Artes Médicas.

Hjulmand, K. (1999). Lista completa das publicações de D. W. Winnicott. *Revista de Filosofia e Psicanálise Natureza Humana, 1*(2), 459-517.

Hjulmand, K. (2007). D. W. Winnicott: Bibliography: Chronological and alphabetical lists. In *The language of Winnicott: A dictionary of Winnicott's use of words* (2 ed., pp. 363-435). London: Karnac.

Joyce, A. (2017). Introduction. In Adès, R. (Ed.), *The Collected*

Works of d. W. Winnicott (Volume 6, 1960-1963) (pp. 3-23). New York: Oxford University Press.

Kant, I. (1787). *Crítica da razão pura. 1. ed. 1781 (A) e 2. ed. 1787 (B)*. Lisboa: Fundação Calouste Gulbenkian, 1997.

Klein, M. (1996). *Obras completas de Melanie Klein (Volume I. Amor, culpa e reparação e outros trabalhos 1921-1945)*. Rio de Janeiro: Imago.

Klein, M. (1921). O desenvolvimento de uma criança. (pp. 21-75).

Klein, M. (1923). Análise de crianças pequenas. (pp. 100-128).

Klein, M. (1926). Princípios psicológicos da análise de crianças pequenas. (pp. 152-163).

Klein, M. (1927a). Simpósio sobre análise de crianças. (pp. 164-196).

Klein, M. (1927b). Tendências criminosas em crianças normais. (pp. 197-213).

Klein, M. (1928). Estágios iniciais do conflito edipiano. (pp. 214-227).

Klein, M. (1930). A importância da formação de símbolos no desenvolvimento do ego. (pp. 249-264).

Klein, M. (1933). O desenvolvimento inicial da consciência na criança. (pp. 283-295).

Klein, M. (1940). O luto e suas relações com os estados maníaco-depressivos. (pp. 385-412).

Klein, M. (1945). O complexo de Édipo à luz das ansiedades arcaicas. (pp. 413-464).

Klein, M. (1991). *Obras completas de Melanie Klein (Volume III. Inveja e gratidão e outros trabalhos 1946-1963)*. Rio de Janeiro: Imago.

Klein, M. (1952). As origens da transferência. (pp. 70-79).

Klein, M. (1957). Inveja e gratidão. (pp. 205-267).

Klein, M. (1958). Sobre o desenvolvimento do funcionamento mental. (pp. 268-279).

Kohon, G. (1994). *A Escola Inglesa de Psicanálise*. Porto Alegre: Artes Médicas.

Kuhn, T. S. (1970). *A estrutura das revoluções científicas*. São Paulo: Perspectiva.

Kuhn, T. S. (2000). *O caminho desde A estrutura. Ensaios Filosóficos, 1970-1993, com uma Entrevista Autobiográfica*. São Paulo: Editora Unesp.

Kupermann, D. (2008). *Presença sensível. Cuidado e criação na clínica psicanalítica*. Rio de Janeiro: Civilização Brasileira.

Kupermann, D. (2019). *Por que Ferenczi?* São Paulo: Zagodoni.

Likierman, M. (2007). Donald Winnicott and Melanie Klein: compatible outlooks? In Caldwell, L. (Ed.), *Winnicott and the Psychoanalytic Tradition* (pp. 112-127). London: Karnac Books.

Loparic, Z. (1997c). Winnicott: uma psicanálise não edipiana. *Revista de Psicanálise da Sociedade Psicanalítica de Porto Alegre,* v.4, n.2, Porto Alegre: SPPA, p. 375-387.

Loparic, Z. (1997b). Winnicott e Melanie Klein: conflito de paradigmas. In Catafesta, I. F. M. (Org.). *A clínica e a pesquisa no final do século: Winnicott e a Universidade*. São Paulo: Lemos.

Loparic, Z. (2001b). Esboço do paradigma winnicottiano. *Cadernos de História e Filosofia da Ciência,* v. 11, n. 2, p. 7-58.

Loparic, Z. (2006). De Freud a Winnicott: aspectos de uma mudança paradigmática. *Revista de Filosofia e Psicanálise Natureza*

Humana. V. 8, n. especial 1, São Paulo: DWW editorial, p. 21-47.

Marchiolli, P. T. d. O., & Fulgencio, L. (2012). O complexo de Édipo nas obras de Klein e Winnicott: comparações. Ágora, XVI(1), 105-118.

Martin-Cabré, L. J. (2001). Winnicott and Ferenczi: Trauma and the Maternal Analyst. In Bertolini, M., Giannakoulas, A., Hernandez, M., & Molino, A. (Eds.), *Squiggles & Spaces. Revisitin the Work of D. W. Winnicott,* (Vol. 2, pp. 179-184). London: Whurr.

Martin-Cabré, L. J. (2008). El legado de Ferenczi en la obra de Winnicott. In Libermann, A., & Blanco, A. A. (Eds.). *Winnicott hoy. Su presencía en la clínica actual.* Madrid: Psimática.

Meyer, L. (1994). O que faz fracassar uma formação? *Percurso, 12,* 83-88.

Morel, D. (1990). *Ter um talento, ter um sintoma.* São Paulo: Escuta.

Ogden, T. H. (2016). *Reclaiming Unlived Life. Experiences in Psychoanalysis.* London: Routledge.

Ogden, T. H. (2019). Ontological Psychoanalysis or "What Do You Want to Be When You Grow Up?". *Psychoanalytic Quarterly, 88*(4), 661-684.

Ogden, T. H. (2020). Psicanálise ontológica ou "O que você quer ser quando crescer?". *Revista Brasileira de Psicanálise, 54*(1), 23-46.

Pessoa, F. (1986 [1914]). Páginas íntimas e introspectivas. In *Obras de Fernando Pessoa. Obra Poética em Prosa.* (Vol. II). Porto: Lello & Irmão–Editores.

Padel, J. (1991). The Psychoanalytic Theories of Melanie Klein and

Donald Winnicott and Their Interaction in the British Society of Psychoanalysis. *Psychoanal. Rev., 78*, 315-345.

Phillips, A. (2007 [1988]). *Winnicott*. São Paulo: Ideias & Letras, 2007.

Phillips, A. (1993). *On Kissing, Tickling, and Being Bored*. Cambridge, Massachusetts: Harvard University Press.

Roudinesco, E., & Plon, M. (1997). *Dictionnaire de la psychanalyse*. Paris: Fayard.

Roudinesco, E., & Plon, M. (1998). *Dicionário de psicanálise*. São Paulo: Jorge Zahar.

Roussillon, R. (2009). Transitionnel et réflexivité. *Les Lettres de La Société de Psychanalyse Freudiene, Winnicott, un psychanalyste dans notre temps* (21), 123-140.

Segal, H. (1975). *Introdução à obra de Melanie Klein*. Rio de Janeiro: Imago.

Tonnesmann, M. (2002). *About Children and Children no Longer*. London: Routledge.

Tonnesmann, M. (2012). Early emotional development: Ferenczi to Winnicott. In Szekacs-Weisz, J., & Keve. T. (Eds.), *Ferenczi for Our Time. Theory and Practice* (pp. 29-42). London: Karnac.

Winnicott, D. W. (1945d). Desenvolvimento Emocional Primitivo. In *Da pediatria à psicanálise* (pp. 281-299). São Paulo: UBU, 2021.

Winnicott, D. W. (1953c [1958]). Objetos Transicionais e Fenômenos Transicionais. In *Da pediatria à psicanálise: obras escolhidas* (pp. 316-331). Rio de Janeiro: Imago Ed., 2000.

Winnicott, D. W. (1953c [1971]). Objetos Transicionais e Fenômenos Transicionais. In *Da pediatria à psicanálise* (pp. 316-331). São Paulo: UBU, 2021.

Winnicott, D. W. (1955c). A posição depressiva no desenvolvimento emocional normal. In *Da pediatria à psicanálise* (pp. 437-461). São Paulo: UBU, 2021.

Winnicott, D. W. (1955d). Aspectos clínicos e metapsicológicos da regressão no contexto psicanalítico. In *Da pediatria à psicanálise* (pp. 462-487). São Paulo: UBU, 2021.

Winnicott, D. W. (1958b). A agressividade em relação ao desenvolvimento emocional. In *Da pediatria à psicanálise* (pp. 371-392). São Paulo: UBU, 2021.

Winnicott, D. W. (1959b). Resenha de *Envy and Gratitud.* (Parte I do cap. 53 – Melanie Klein: Sobre o Seu Conceito da Inveja.). In *Explorações Psicanalíticas: D. W. Winnicott* (pp. 338-340). Porto Alegre: Artes Médicas, 1994.

Winnicott, D. W. (1963c). Os doentes mentais nos casos clínicos dos assistentes sociais. In *Processos de amadurecimento e ambiente facilitador* (pp. 279-311). São Paulo: UBU, 2022.

Winnicott, D. W. (1963d). Moral e Educação. In *Processos de amadurecimento e ambiente facilitador* (pp. 88-98). São Paulo: UBU,2022.

Winnicott, D. W. (1965h). Classificação: existe uma contribuição psicanalítica à classificação psiquiátrica? In *Processos de amadurecimento e ambiente facilitador* (pp. 155-176). São Paulo: UBU, 2022.

Winnicott, D. W. (1965m). Distorção do ego em Termos de self verdadeiro e falso self. In *Processos de amadurecimento e ambiente facilitador* (pp. 177-194). São Paulo: UBU, 2022.

Winnicott, D. W. (1965r). Da dependência à independência no desenvolvimento do indivíduo. In *Processos de amadurecimento e ambiente facilitador* (pp. 104-116). São Paulo: UBU, 2022.

Winnicott, D. W. (1965t). Crescimento e Desenvolvimento na Fase Imatura. In *A Família e o Desenvolvimento Individual* (pp. 29-41). São Paulo: Martins Fontes, 1999.

Winnicott, D. W. (1965va). Enfoque pessoal da contribuição kleiniana. In *Processos de amadurecimento e ambiente facilitador* (pp. 218-228). São Paulo: UBU, 2022.

Winnicott, D. W. (1965vc). Provisão para a criança na saúde e na crise. In *Processos de amadurecimento e ambiente facilitador* (pp. 79-90). São Paulo: UBU, 2022.

Winnicott, D. W. (1968a). A Etiologia da Esquizofrenia Infantil em Termos do Fracasso Adaptativo. In: *Pensando Sobre Crianças* (pp. 193-196). Porto Alegre: Artes Médicas, 1997.

Winnicott, D. W. (1968i). O Brincar: proposição teórica. In *O Brincar e a Realidade* (pp. 69-90). São Paulo: Ubu, 2019.

Winnicott, D. W. (1969i). O Uso de um Objeto e o Relacionamento através de Identificações. In *Explorações Psicanalíticas: D. W. Winnicott* (pp. 171-177). Porto Alegre: Artes Médicas, 1994.

Winnicott, D. W. (1970b). A Experiência Mãe-Bebê de Mutualidade. In *Explorações Psicanalíticas: D. W. Winnicott* (pp. 195-202). São Paulo: Artes Médicas,1994.

Winnicott, D. W. (1971b). *Consultas Terapêuticas em Psiquiatria Infantil* (J. M. X. Cunha, Trans.). Rio de Janeiro: Imago, 1984.

Winnicott, D. W. (1971f). O conceito de indivíduo saudável. In *Tudo começa em casa* (pp. 21-42). São Paulo: UBU, 2021.

Winnicott, D. W. (1971g). A criatividade e suas origens. In *O brincar e a realidade* (pp. 108-140). Rio de Janeiro: UBU, 2019.

Winnicott, D. W. (1971q). O lugar em que vivemos. In *O brincar e a realidade* (pp. 167-176). Rio de Janeiro: Ubu, 2019.

Winnicott, D. W. (1971r). O Brincar: atividade criativa e a busca do self. In: *O brincar e a realidade* (pp. 91-107). São Paulo: Ubu, 2019.

Winnicott, D. W. (1971va). Os Elementos Masculinos e Femininos Ex-cindidos [*split-off*] Encontrados em Homens e Mulheres. In *Explorações Psicanalíticas: D. W. Winnicott* (pp. 134-144). Porto Alegre: Artes Médicas, 1994.

Winnicott, D. W. (1984h). Sum: Eu Sou. In *Tudo começa em casa* (pp. 62-74). São Paulo: UBU, 2021.

Winnicott, D. W. (1986f). Cura: uma conversa com médicos. In *Tudo começa em casa* (pp. 131-141). São Paulo: UBU, 2021.

Winnicott, D. W. (1986g). Este Feminismo. In *Tudo começa em casa* (pp. 217-230). São Paulo: UBU, 2021.

Winnicott, D. W. (1986k). Psicanálise e ciência: amigas ou parentes? In *Tudo começa em casa* (pp. 11-18). São Paulo: UBU, 2021.

Winnicott, D. W. (1987b). *O Gesto Espontâneo*. São Paulo: Martins Fontes, 1990.

Winnicott, D. W. (1988). *Natureza Humana*. Rio de Janeiro: Imago, 1990.

Winnicott, D. W. (1989f). Pós-escrito: D. W. W. sobre D. W. W. In *Explorações Psicanalíticas: D. W. Winnicott* (pp. 433-443). Porto Alegre: Artes Médicas, 1994.

Winnicott, D. W. (1989r). Addendum to "The Location of culturel experience" [1967b]. In *Psycho-Analytic Explorations* (pp. 200-202). London: Karnac Books, 1989.

Winnicott, D. W. (1989vl). Psiconeurose na Infância. In *Explorações Psicanalíticas: D. W. Winnicott* (pp. 53-58). Porto Alegre: Artes Médicas, 1994.

Winnicott, D. W. (1989xa). O Uso do Objeto no Contexto de *Moisés e o Monoteísmo* (Parte VII do cap. 34). In *Explorações Psicanalíticas: D. W. Winnicott* (pp. 187-191). Porto Alegre: Artes Médicas, 1994.

Winnicott, D. W. (1989xf). Primórdios de uma Formulação de uma Apreciação e Crítica de enunciado Kleiniano da Inveja. (Parte II do cap. 53 – Melanie Klein: sobre o seu conceito de inveja). In *Explorações Psicanalíticas: D. W. Winnicott* (pp. 340-347). Porto Alegre: Artes Médicas, 1994.

Winnicott, D. W. (1989xg). Contribuição a um Simpósio sobre Inveja e Ciúme (Parte IV do cap. 53 – Melanie Klein: Sobre o seu Conceito de Inveja). In *Explorações Psicanalíticas: D. W. Winnicott* (pp. 350-352). Porto Alegre: Artes Médicas, 1994.

Winnicott, D. W. (1989xi). Joseph Sandler. Comentários sobre *On The Concept of The Superego* In: *Explorações Psicanalíticas: D. W. Winnicott* (pp. 353-358). Porto Alegre: Artes Médicas, 1994.

Winnicott, D. W. (2017). *The Collected Works of D. W. Winnicott.* New York: Oxford University Press.

Impressão e Acabamento
Bartiragráfica
(011) 4393-2911